En Roulotte à travers l'Europe centrale

En Roulotte à travers l'Europe centrale
Une errance hippotractée

Clément Magos & Damien Ruelens

Collection « Errances »

ISBN : 978-2-931209-01-1
Dépôt légal : janvier 2023
D/2023/14.096/1

Editions Partis Pour
Rue de la sécurité, 2 bte 3
B-1081 Bruxelles
editions@partispour.com
www.partispour.com

Clément Magos
Damien Ruelens

En Roulotte à travers l'Europe centrale

Une errance hippotractée

Collection « Errances »
Editions Partis Pour

La vertu d'un voyage, c'est de purger la vie avant de la garnir.

Nicolas Bouvier

La monotonie donne un relief extraordinaire aux moindres événements.

Ella Maillart

Chacun a sa définition de l'honnêteté.
La mienne est assez large mais je m'en accommode.

Cizia Zykë

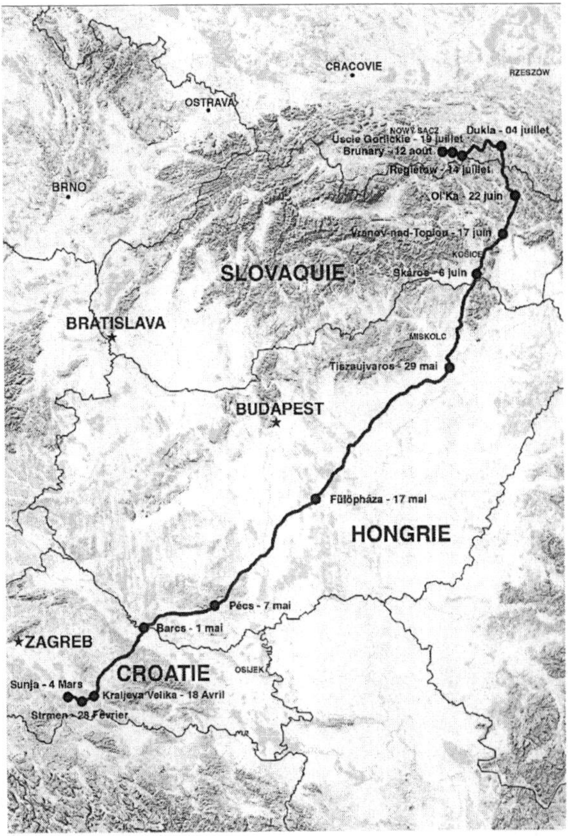
CRACOVIE
RZESZÓW
OSTRAVA
NOWY SACZ
Dukla - 04 juillet
Uscie Gorlickie - 19 juillet
Brunary - 12 août
Regietow - 14 juillet
BRNO
Ol'Ka - 22 juin
Vranov-nad-Topiou - 17 juin
KOŠICE
SLOVAQUIE
Skaroe - 6 juin
BRATISLAVA
MISKOLC
Tiszaujvaros - 29 mai
BUDAPEST
Fülöpháza - 17 mai
HONGRIE
Pécs - 7 mai
Barcs - 1 mai
ZAGREB
CROATIE
OSIJEK
Sunja - 4 Mars
Kraljeva Velika - 18 Avril
Strmen - 28 Février

Un nouveau départ

(Damien)

À la tombée de la nuit, je regarde le paysage inondé à travers la fenêtre de la camionnette. L'orage est passé, les nuages affichent leur belle couleur rougeâtre. En cette fin février, la Drave en crue a envahi les terres. J'ai laissé derrière moi mes regrets et mes doutes pour me retrouver au pays des noms sans voyelle, à Strmen, en Croatie. À peine un hameau, certainement pas un village. Plutôt une série de maisons ternes disséminées dans la campagne le long d'une route hors d'âge. Peu de masures habitées. Des écriteaux *prodaje se*[1] sur les façades. Strmen se dissout en un point sur une carte, coincé entre deux autres localités aux noms imprononçables tels que Crkveni Bok ou Mužilovčica. Nous errons dans le noir un long moment. Hélés par une silhouette se détachant faiblement dans les ombres, nous parvenons enfin à destination.

Le pied, à peine posé à terre, s'enfonce jusqu'à mi-mollet dans la boue. Sur un signal, je pénètre dans un terrier plongé dans l'obscurité. L'homme fourre des épis de maïs dans le poêle. Il m'en tend un en dévoilant ses dents gâtées. Il précise « *Kukuruz*[2] ». On se serre la main. Il s'appelle

---

1. À vendre
2. Maïs

Matija. Trapu et sec sans être costaud, sa tignasse noire en bataille encadre un sourire figé.

Clément s'engage fiévreusement dans une discussion laborieuse en ouvrant une bière trappiste de Belgique. Des icônes catholiques trônent sur la cheminée aux côtés de quelques pots. Ces bibelots, pareils à ceux que je retrouve chez mes grands-parents, me rassurent. J'en ai besoin. De la nourriture moisie traîne par-ci par-là, des balles de chevrotines encombrent des tiroirs branlants, des bouteilles de gnôle jonchent le sol, le tout dans un décor de napperons tachés et de dentelles déchirées. On s'installe confortablement dans les canapés défoncés. On enfourne quelques épis de maïs pour se réchauffer, on papote avec nos mains sans trop se comprendre. La conversation s'éteint et chacun regarde sa bière.

Très vite, nous quittons cette réalité désarçonnante pour rejoindre notre roulotte artisanale, notre logis des prochains mois, qui nous attend sur une remorque convoyée par nos amis. Nous regardons les photos de nos proches et de nos clubs de football préférés agrafées sur la paroi nous faisant face, nous libérons la chaîne qui retient le lit supérieur rabattable, le chien se couche à nos pieds. Clément monte dans son alcôve. Je m'endors harassé au son des ronflements de mon compagnon.

Après une courte nuit mêlée d'excitation et d'angoisse, je me réveille sous un soleil timide. Il jette une lumière cruelle sur les alentours. Au premier coup d'œil ressort l'aspect lugubre des lieux : une fermette noire comme la suie surnageant dans une mare de boue. Pas d'eau, à peine un peu d'électricité, le dépaysement est brutal. Nous souhaitons bon voyage à nos saints conducteurs. Ils ne demandent pas leur reste ni une nuit supplémentaire et filent droit vers leur terroir. Ce couple d'amis, mû par altruisme et goût de l'aventure, nous a propulsés loin à l'est. Nous entamons notre voyage à trois, reviendrons à six.

Il a beau être bancal, le plan se déroule comme prévu. Le cadre nous remue, mais on n'avait pas signé pour un hôtel 5 étoiles. On restera deux, voire trois semaines ici avant de décamper. On se retrousse les manches et on gonfle le torse. Armés de nos plus beaux atours de cochers, on se présente à la première heure au QG pour commencer le dressage.

Notre personne de contact, Zlatko, n'est pas là. De l'ambiance fuligineuse du salon suinte un désœuvrement palpable. Cette piaule mal famée n'augure rien de bon. Prostré devant un téléviseur, Matija sirote un verre de *bambus*, du coca mélangé à du mauvais vin, en regardant l'émission matinale *Dobro Jutro*[3]. Seul notre chien Sotchi semble s'épanouir dans ce territoire déchu. Il gambade à la découverte de l'endroit, frayant volontiers avec ses semblables et tirant profit de sa liberté nouvelle. Recueilli dans un refuge quelques semaines avant le départ, le voilà de retour au grand air et à ses mille sollicitations sensorielles. Il fait désormais partie du clan même s'il a tendance à fuguer pour aller gratter dans un tas de fumier.

L'après-midi, les choses sérieuses commencent. Après deux ou trois *bambus*, Zlatko nous rejoint. *Zlatko*, le doré. Architecte à Zagreb, ce quadragénaire jovial et grassouillet compte à son actif la construction de plusieurs clubs de luxe sur la côte Adriatique. Il cadre mal dans cet environnement rustique. Pourtant, il lui porte un attachement réel et sincère. À côté de lui, son père septuagénaire, l'œil torve et la mine conspiratrice, fait froid dans le dos. Il parle quelques mots d'allemand, ce qui renforce son allure de casque à pointe. Ce papy n'est pas net et, sans être antipathique, il n'inspire pas confiance. Il est vétérinaire et nous occupons son ancienne cahute.

Pour fêter cette rencontre, on boit les dernières Chimay. On apprend à mieux se connaître, chacun parle un

3. Bon matin

peu de lui. Matija réside à côté avec ses parents. Il est le copain d'enfance du maître des lieux ainsi que son palefrenier, chargé de faire fructifier ses affaires. Le père, lui, ne pipe pas un mot et nous regarde intensément de ses petits yeux de requin. Nous précisons les motivations de notre venue et Clément annonce que nous recherchons deux chevaux de trait pour dételer d'ici. Nous avouons aussi ne rien connaître en la matière. « Ne vous en faites pas, mes hommes s'occupent de tout », nous dit Zlatko. Il veut, au mieux nous aider, au pire vider nos poches, probablement un peu des deux. On veut surtout trouver deux capables, pas méchants, avec de belles dents. Nous évoquons les détails de notre séjour à Strmen. Il nous rassure en nous promettant monts et merveilles, que nous pourrons choisir ceux que nous préférons dans sa horde et qu'une dizaine de jours devrait suffire pour les familiariser à leur nouvelle vie. Nous mentionnons encore la nécessité d'ajouter un timon et des palonniers à notre roulotte. Zlatko opine et balaie les incertitudes financières d'un revers de main. Matija se chargera de nous arranger tout ça en bon maître ferronnier. On se retourne vers lui admiratif de ce talent que notre voisin nous cachait et le remercions d'avance. Triomphalement, nous levons notre verre de *bambus* à notre succès. Beaucoup de choses font défaut dans ce coin reculé de Croatie, mais pas le combustible.

Le pacte

(Clément)

Le lendemain, après le petit-déjeuner local, un comparse exhibant un énorme lasso nous rejoint à la ferme. Nous montons tous ensemble dans la benne d'un tracteur et fendons un océan de boue. Nos sens sont éméchés par le très mauvais vin et l'inanition. Nous pénétrons dans un sous-bois de noisetiers où des dizaines de chevaux nous entourent rapidement. Nous les attirons avec du *kukuruz*. Plusieurs juments sont grosses et viennent nous voir en se dandinant. Les mâles restent à distance. Ce sont eux qu'on nous destine, les femelles étant trop importantes pour la reproduction du troupeau. Des masures en ruine leur servent d'abris et quelques ballots de paille souillés viennent compléter leur alimentation.

Un manuel d'hippologie datant d'avant-guerre m'avait renseigné sur les critères de sélection. Malheureusement, en ce matin brumeux, nous différencions très mal leurs caractéristiques respectives. Tous se ressemblent. Dès que j'identifie un quadrupède supérieur, il se fond aussitôt dans la horde. Au hasard, nous jetons alors notre dévolu sur deux individus n'ayant aucune difformité trop saillante. Preuve que toute cette manœuvre tient du symbole, ce sont les deux premiers nigauds venus se faire prendre au lasso qui sont adoubés. Damien a le malheur d'en effrayer un. Le jeune cheval s'enfuit alors que nous venons de rentrer péniblement au bercail. Zlatko l'engueule dans un style fleuri et rustique. Ignorants de leur sauvagerie, il est aisé de les effrayer. Penaud, Damien se réfugie dans notre nid pour digérer ses *bambus*.

J'assiste alors à la scène la plus brutale du voyage. Pour « calmer » l'étalon et le faire entrer dans l'écurie, Matija et l'homme au lasso le frappent durement au fouet sur l'encolure et la croupe. Sanguinolent et complètement affolé, le fuyard abdique et, brisé, se laisse conduire. Son compère le rejoint dans sa geôle. Nos consignes consistent à les brosser deux fois par jour et à peu à peu les apprivoiser. L'objectif ultime est de leur faire avaler un sucre. But simpliste que nous pouvons comprendre et appliquer sans encadrement et qui mobilise notre bonne volonté. D'après Zlatko et Matija, le dressage repose sur une dichotomie émotionnelle entre eux et nous. Ils jouent les *bad cops* pendant que nous incarnons les puissances rassurantes et régénératrices. Nous sommes tellement à la merci de leur pratique que nous ne contestons pas. Cependant, à chaque approche, notre potentiel attelage semble terrifié et fébrile.

En Belgique, nous avions passé plusieurs journées dans le ranch d'un hippothérapeute. Yves nous a appris toute la finesse que l'humain et le cheval pouvaient tisser dans leur compréhension réciproque. À travers le *natural horsemanship*, théorie philosophico-éthologique de la relation entre les deux espèces, nous avons exploré les méandres de leur psychologie. Maniant subtilement la contrainte et l'incitation, il s'agit d'éviter la violence et l'énervement. Attitudes qui sont nocives pour le cheval, disgracieuses pour le cocher. À force de persuasion, de tapotes mesurées sur le chanfrein et d'encouragements, rien n'est impossible. Point de miracle, c'est la patience, l'humilité et le respect des équidés dont Yves nous a fait don. Les méthodes du ranch de Strmen se trouvent à l'antipode de cette instruction.

Au fil des jours, on s'installe dans une routine. On flemmarde car quelqu'un d'autre est chargé des chevaux souffre-douleurs. Alors, on se balade. On se lie avec une poignée de paysans que nous saluons poliment au passage. Ilia nous invite souvent pour boire le café. En l'absence d'une langue commune, des heures de déchiffrage mutuel ne permettent souvent de comprendre qu'une profession, une structure familiale ou une anecdote locale. Nous apprécions l'endroit propre, sa compagnie, jouer aux petites voitures avec ses fils ainsi que l'environnement climatisé. La sérénité et la bienveillance de cette famille nous consolent de nos fréquentations corrompues du moment. Nous poursuivons ensuite nos mondanités en déambulant, hébétés, dans le village. Des ancêtres nous interpellent pour nous offrir ou nous vendre quelques provisions, prunes séchées, miel, noix… Ces tractations sont en réalité souvent des prétextes pour payer leur coup de café et de *rakija*. Nous restons longuement assis sous des treilles de vigne à les convaincre que nous possédons bien une roulotte et que nous avons l'ambition d'atteindre au moins Constantinople.

Avec les vivres reçus, je note leurs noms dans ma liste de vocabulaire en vue de futures collectes. *Meso*, *luk*, *hleb* et *sol* forment le saint quatuor de la viande, de l'oignon, du pain et du sel qui préside à tout repas dans ces contrées. En sortant de chez Ljubo, un voisin qui n'est pas avare de victuailles, j'entraîne Damien vers une maison décrépite. La vie semble s'y être subitement arrêtée. Tous les objets du quotidien attendent patiemment leur propriétaire sous leur couche pudique de poussière. Les pommiers du jardin laissent imaginer les fruits abondants à venir. Quelques photos et effets personnels jonchent le sol. Nous nous échappons de cette atmosphère étouffante avec un sentiment inconfortable. Un peintre farfelu, rencontre inattendue et fortuite, lève un coin du voile. Strmen était autrefois une communauté mixte. Depuis la guerre, les Serbes sont partis, à l'exception des vieillards, laissant le vide derrière eux. En se quittant, il nous met en garde : certaines bâtisses ont été piégées pendant la guerre. Ce qui fait passer notre envie de voyeurisme.

De retour, nous tentons de consoler les infortunés de leur traumatisme quotidien. Un étalon, supportant mal ce régime sadique, profite d'un moment de distraction pour mordre Damien. À y regarder de plus près, il s'agit plus d'une pincette d'avertissement que d'une agression. Nous n'en sommes encore qu'aux balbutiements de notre amour naissant. Fort heureusement, la *rakija*, encore elle, apporte un anesthésiant bienvenu après ce baiser sévère. Entre deux *bambus*, Matija bricole le timon et les palonniers qui manquent à la traction de notre roulotte. Un ferronnier installe aussi une caisse en inox dessous. Ce rangement est essentiel pour stocker l'eau nécessaire à la traversée de l'Anatolie.

En plus de l'eau, du foin et de la paille, nous prodiguons moult caresses, paroles encourageantes et affection à nos futurs collaborateurs. Malgré nos efforts pour les apaiser, ils nous regardent la plupart du temps avec des yeux énormes comme si nous étions le diable en personne, frémissent à chaque contact et sursautent au premier bruit inconnu. Difficile de leur en vouloir.

Le *kukuruz* est la base de leur alimentation. On en trouve à profusion dans cette région au sol profond et humide. On n'y trouve rien à redire, c'est bon le maïs et les chevaux le dévorent. La réserve est inépuisable et détacher les grains des épis constitue une occupation prenante. Par la suite, on comprendra que c'est la malbouffe du cheval dont il ne faut pas abuser, comparable à des friandises pour les gosses. Beaucoup trop calorique et inflammatoire, ça leur bousille le foie et les dents. Cependant pour l'engraissement, c'est assez indiqué. Simple coïncidence.

Le fossé entre notre imagination et la réalité à laquelle nous sommes confrontés ne fait que s'accentuer. Nous sommes en désaccord profond avec les palefreniers tordus et leurs méthodes barbares. Tenus par nos engagements, il est compliqué d'imaginer d'autres possibles. Les mauvais traitements se poursuivent et nous en nourrissons une honte grandissante qui ombrage encore aujourd'hui notre conscience. Nos professeurs maléfiques n'en ont cure. Ils se contentent de boire des *bambus* matinaux et de nous faire nettoyer le lieu du crime. Il est temps de nous sortir de l'ornière et de confronter Zlatko. Soit nous changeons radicalement de méthode, soit nous quittons son allée de garage. Lui n'est pas pressé de nous voir partir. Il nous exhorte à la patience. Vivant dans le luxe à

Zagreb, il passe nous voir le weekend. Cet homme est un mystère. Propriétaire de tout un troupeau sans pour autant en profiter, doublé de son père, vétérinaire à la retraite, toujours en train de fureter aux alentours. Le doute grandit dans notre esprit et nous multiplions les questions innocentes. Progressivement, nous comprenons que c'est un capital de chair à saucisse qui s'empêtre dans le cloaque. Les ressources économiques ne fourmillent pas en Slavonie. L'exportation de viande chevaline est un débouché nécessaire. Malgré cette profession qui nous bouscule un peu dans notre passion naissante, Zlatko est de bonne compagnie. Il paie son coup, est toujours content et connaît tout le monde. Tout en nous ayant bien enfoncés dans le pétrin, il finira aussi, à sa façon, par nous aider à en sortir.

Répondant à nos doléances initiales, il a déjà produit deux dresseurs incompétents. Finalement, jouant son va-tout, il nous assure disposer enfin d'un véritable connaisseur, un spécialiste de l'esprit équin. Quoique dubitatifs, on accepte à contrecœur de lui laisser une dernière chance. Quel choix avons-nous réellement ? Un matin, alors que nous vaquons à notre routine inefficace – tirer l'eau du puits, chercher le chien et nettoyer l'étable, j'arrose par mégarde Damien de purin d'un coup de fourche. Une silhouette se détache alors dans le halo de lumière de la porte. Un quinquagénaire austère nous contemple en treillis militaire. Par onomatopées et gestes calculés, il nous enjoint de poursuivre notre travail. Il nous jauge tout en croquant dans une pomme. Deux minutes sous le regard sévère de ce général d'armée inconnu nous paraissent une éternité. Il nous indique de faire place. Expert, il gratifie les bêtes d'un morceau de fruit, les palpe et les ausculte sommairement. Nous nous tenons cois, novices peinant pour tenir simplement à leur côté.

Comment décrire cet intervenant providentiel ? Il appartient à une espèce endémique : le soldat à la retraite qui n'a pas tourné la page. Volontiers nostalgique de ses exploits passés, il endosse le treillis pour aller chercher du papier toilette à l'épicerie. Il se tient sur le pied de guerre dans l'éventualité d'un embrasement régional. Pas réellement belliqueux non plus, il a déjà beaucoup donné. Il mise davantage sur la force de dissuasion de l'uniforme et, bien sûr, en revendique tout le prestige social. Marko a du charisme avec ses cheveux gris, sa belle gueule carrée et son regard triste.

Nous nous attablons dans un trio intimiste. Il enfume copieusement l'horrible salon. Marko parle un allemand rugueux teinté de croate. Ce sabir ne nous fera jamais défaut et nous le complètons progressivement par du vocabulaire slave.

« *Dečki, es ist falsch, was Ihr macht*[1].
— Comment ça ? Nous avons besoin de chevaux pour notre voyage.
— Oui, mais avec ces deux-là, *große Probleme* !
— Ah bon ? Pourquoi ?, lui répondons-nous en chœur, tombant des nues. »
Il sait de quoi il parle. Nous avons besoin d'aide. Nous sommes prêts à l'écouter. Il tranche avec les autres hurluberlus fréquentés jusqu'alors. Marko compte ses mots. Charismatique, il maîtrise les effets d'annonce et les silences à la perfection. Il aime aller droit au but tout en tournant autour du pot. On croit qu'on se comprend. Il nous affuble d'un juron dont les Slaves ont le secret.
Sans le dire ouvertement, il nous sonde pour savoir si nous comprenons que notre situation est désespérée. Il nous recadre : une préparation beaucoup plus intense est nécessaire. Zlatko et Matija, même s'ils sont sympas, sont surtout de véreux producteurs de viande équine. De plus, les deux étalons *strmniens* sont trop jeunes et trop fougueux pour nos capacités. Plus grave, il nous recommande d'abandonner. On est tombés dans un endroit sans perspective, sous la coupe de chaperons aux intentions douteuses. On a joué, on a perdu, *alea jacta est.*

1. Les gars, ça ne va pas ce que vous faites.

Nous finissons par lui jeter : « Ok. Bon. Tu as une proposition à nous faire ? » Il nous toise quelques secondes comme il venait de le faire avec les bêtes. Il accentue le côté dramatique du moment. Enfin, il nous propose de reprendre depuis le début en nous soumettant corps et âmes à son expérience et à sa doctrine. Une sorte de pacte faustien sur l'autel du cheval. Nous serions logés, nourris et blanchis à son domicile. Il nous aiderait à trouver deux animaux dociles et à les former à l'attelage. Le tout pour une somme très raisonnable. On hésite, mais pas longtemps. Ça signifie quitter nos montures et nos amitiés contrariées. Entre les coups de *bambus*, les rosses et les ouvriers qui bricolent, indolents, nous ne levons pas le petit doigt. Même si cet usage est à proscrire pour les quadrupèdes, un coup de fouet nous est nécessaire. Il achève de nous convaincre par son alcool et sa charcuterie. Nous concluons cette alliance par de la *rakija* et du *speck* maison. Reste à régler notre transfert.

Le soir, nous discutons avec Zlatko des termes de la rupture. Il invoque les frais investis pour le dressage et le travail sur la caravane. En bonnes vaches à lait, il veut nous alléger considérablement. Pour décamper, on n'est pas à cent euros près. On se quitte bons copains dans les libations habituelles et Zlatko nous souhaite le meilleur dans nos nouvelles orientations. L'important pour nous, c'est d'aller de l'avant.

Nous déplaçons notre coquille le matin venu. Alors que nous sommes déjà dans la Golf III de Marko, Zlatko s'enfonce encore un peu davantage. Pour prouver sa bonne foi, il exhibe ses deux étalons attelés à une charrette. Têtes baissées, les chevaux ont peur de leur propre ombre. Ils ne sont maîtrisés que par le poids du véhicule et leur harnachement. Leurs mors sont couverts de bave sanguinolente. Une découverte brutale. Nous méprisons sa démonstration et démarrons vers Sunja. Serrés sur la banquette arrière, la roulotte remorquée, Marko pulvérise notre univers et nos certitudes.

Les semaines suivantes, nous découvrons que Zlatko est en mauvais termes avec ses « collègues » agriculteurs locaux. Son business dérange, sa réussite aussi peut-être. On l'accuse d'élever ses animaux dans le but de collecter les subventions de l'État et de les négliger. Le troupeau ravage occasionnellement les pâturages aux alentours, broute et piétine toute forme de vie végétale. En représailles, un fermier a abattu plusieurs de ses bêtes.

Admettre son erreur n'est jamais une chose aisée. Mal conseillés et pas préparés, après une dizaine de jours, la vacuité et l'indécence de notre approche nous sautent aux yeux. Ironie du sort, pour ménager ces deux étalons, nous les avons conduits chez le boucher. Nous ne savons trop que penser de cette situation injuste. Sinon que la souffrance animale ou humaine ne nous a pas attendus pour exister ici comme ailleurs. Notre indignation sélective ne cache-t-elle pas une indifférence pour le vivant ?

Malo po malo

(Damien)

Récapitulons. Pas d'itinéraire fiable, pas de connaissances juridiques sur la faisabilité du projet, pas de connaissances hippiques, peu de moyens et de la niaiserie à revendre. Ce voyage est une ode à l'amateurisme. Ainsi, alors que tout semble jouer contre nous, notre chemin croise celui de Marko. Sa maxime préférée est « Le plus intelligent abandonne en premier. ». Notre insouciance n'a que les limites qu'on lui impose.

À seulement quelques kilomètres de Strmen, Clément et moi intégrons le clan Longarevic. Chacun a son lit, sa chambre, son espace. La maison est équipée en eau chaude, en chaleur humaine et en connexion wifi. Cette famille nucléaire traditionnelle vit sous la coupe du bienveillant maréchal. De son côté, Mima, notre mère éphémère, nous considère d'emblée comme ses propres fils. Nous profitons sans retenue de ses bonnes recettes protéinées. Je me souviens encore avec délectation de ses *sarmas*, des feuilles de chou farcies à la saucisse, au fromage, au riz, et aussi aux lardons, au jambon… Pas un repas qui ne se conclue sans un dessert ou une sucrerie. Toujours calée entre ses fourneaux et ses machines, elle porte sur nous un regard plein de tendresse derrière ses culs-de-bouteille.

Nous n'avons pas seulement troqué Strmen, village reculé, pour Sunja, bourgade insignifiante, mais aussi un Matija pour un autre. De notre génération et anglophone, le courant passe directement. Le fils Longarevic a un diplôme d'instituteur. Oisif et volontiers crâneur, il incarne le grand-frère protecteur, berger de deux agneaux qu'il a bien du mal à cadrer. Adulte, il est tiraillé entre l'exil vers la ville et l'attention qu'il porte à ses parents. N'ayant pas beaucoup de perspectives, il demeure, assis entre deux chaises, attablé aux plats de sa sainte mère. Il en construit du ressentiment contre le système qui, dans l'ivresse, se mue parfois en nationalisme. Quand il se met à beugler des chants *oustachis*[1], on décroche complètement. Malgré tout, pendant notre séjour à Sunja, on est vraiment comme des frères. Il nous offre une fenêtre sociale, nous qui vivons reclus dans une boîte.

Avec nos arrières bien assurés, nous mettons enfin le pied à l'étrier. À l'aube, Marko nous attend et nous appelle « fainéants ». Il a déjà roulé ses clopes

1. Les *Oustachis*, les Insurgés, étaient un mouvement séparatiste croate, antisémite, fasciste et anti-yougoslave actif durant la Seconde Guerre mondiale.

et bu sa bière. Nous sommes invités à nous gaver car, dans un quart d'heure, on fait tourner le moteur. Nous partons prospecter fermettes et écuries de la région. Rapidement, nous nous mettons dans la peau d'acheteurs de bétail. Nous parcourons la campagne en guettant les bêtes au pâturage. Nous sommes reçus avec déférence par des vendeurs qui ne manquent jamais de partager leurs meilleurs produits de bouche. Nous négocions mal des prix excessifs et repartons en concluant sur un *možda*, peut-être.

Ainsi se déroule notre quête aux alentours de la réserve naturelle du Lonjsko Polje. Nous arrivons chez Miskoc. Éleveur du parc, celui-ci entretient un troupeau d'une vingtaine de têtes. Professionnel sérieux, il ne les vend pas tous pour l'abattoir. Ses protégés passent une période significative de l'année à brouter dans les plaines marécageuses. Loin des bourbiers répugnants que nous avions fréquentés ou des étables sordides que nous découvrirons par la suite, Miskoc a du savoir-faire.

Nous nous plaçons contre la clôture de son grand enclos. Il sort de l'écurie en tenant par la longe Lili, brave et énorme selon nos juvéniles critères. Il la fait tourner avec élégance, la ramène à lui avec bienveillance. Elle se montre placide et gourmande. Je m'approche avec prudence, ayant encore la morsure en tête. Précautionneusement, mais avec aplomb, je lui caresse l'encolure. Elle se laisse faire et semble aimer ça. Nous partageons tous les quatre un verre de *rakija*. On pose quelques questions évasives pour se donner de la consistance et Marko assure la traduction. Quel âge a Lili ? Est-ce une posavina[2] ? N'est-elle pas grosse ? C'est la saison des saillies ? A-t-elle de bons pieds, pas de vice connu ? Il nous rassure en décochant adroitement les réponses attendues. D'ordinaire, il vend à petit prix les vieux et les excédentaires à des potentats locaux. Qu'ils soient représentants auprès d'abattoirs ne le regarde pas. La rumeur comme quoi deux blancs-becs sont prêts à se faire plumer pour un canasson s'est répandue comme une traînée de poudre. En se serrant la main pour conclure le marché, Miskoc et Marko se mettent à rire. Les sentiments étant communicatifs aux cœurs incertains, Clément et moi faisons de même. Quoi qu'il en soit, on se dit au revoir avec une promesse : Miskoc livrera Lili le lendemain.

Nous poursuivons nos prospections jusque dans la commune de Kutina, village fleuri de l'autre côté du fleuve. Dans l'élevage local, des dizaines de bourriques sont alignées face au mur. Elles mâchonnent du foin et du maïs. Des ouvriers agricoles s'affairent en tous sens. Sans trop savoir pourquoi celle-là, on nous extirpe

2. Race de chevaux de trait des Balkans.

l'une d'elles, qualifiée de vendable. Marko effectue une analyse sommaire dont il a le secret. Il nous revient discrètement en annonçant que cette jument ne casse pas trois pattes à un canard, mais qu'elle peut faire l'affaire. On craque, à moitié par pitié pour cette pauvre bête, mais aussi par lassitude de traîner avec tous les agriculteurs du coin.

Linda, toute aussi onéreuse mais moins dégourdie que Lili, rejoint l'attelage. Difficile d'y voir clair dans ses grands yeux, mais il est temps d'enclencher la deuxième. On met aussi la main sur les deux passeports officiels couplés à une puce sous-cutanée. Nous y apprenons que Linda ne possède pas le titre de posavina, mais une sorte de rang inférieur, *hladno krv,* sang froid.

La paire enfin rassemblée, la formation peut commencer. Cinq jours sur sept pendant trois semaines, on rejoint le *Meister* dans la cuisine sur le coup de 7h. Attablé à son petit-déjeuner habituel, bières et cigarettes, il nous conjure de nous y astreindre. On décline poliment, la tête enfoncée dans nos céréales. Puis, comme lors des six prochains mois, nous nettoyons l'écurie. Ensuite, on brosse les filles, les bouchonne, les bichonne, tout en les habituant au doux son de nos voix.

La doctrine de Marko est faite de concepts simples, mais rigides et incontestables. *Step by step*[3] sont deux des cinq mots d'anglais qu'il maîtrise. Il nous le répète en croate, *malo po malo*, pour mieux nous l'enfoncer dans le crâne. Son autre expression favorite étant « *Stupid young boys* ». Nous augmentons de jour en jour notre exigence vis-à-vis de nos juments. Nous assurons un dressage exempt de traumatisme et construisons une relation de confiance. Sur les instructions de Marko, nous nous appairons chacun à une créature. Clément hérite de Lili, moi de Linda. Nous devrions pouvoir, à terme, leur courir gaiement entre les jambes sans provoquer de frayeur. À ce stade, Lili essaie encore de nous écraser de ses sabots quand on lui réclame son pied. Quant à Linda, elle se montre brave et couillonne et ne se départit jamais de ses grands yeux à la vue du matériel d'attelage. Je soupçonne une habitude théâtrale dans sa détresse. Conscient de sa couardise, Marko entreprend de la familiariser avec l'eau. Nous le surprenons dans l'égout, trempé jusqu'aux genoux, tentant d'attirer Linda à lui. Fidèle à elle-même, elle ne semble pas apprécier la leçon, mais progresse mollement. Subitement, il se rappelle que ce n'est pas l'attelage de Poséidon sur lequel il bosse et laisse tomber l'affaire.

3. Un pas après l'autre.

Avant de passer aux choses sérieuses, le travail au sol à la longe renforce la communication des consignes. Ainsi, *hod* et *bista* gouvernent la gauche et la droite quand *kas* et *hauw* valent pour l'accélérateur et le frein. Les juments apprennent aussi à se connaître. Dans un premier temps séparées, y compris visuellement, elles ne peuvent que s'entendre ou se sentir. Elles hennissent énergiquement. Nous ne pouvons savoir s'il s'agit de saluts ou d'insultes. Doucement, nous les rapprochons jusqu'à les loger dans le même espace à distance de mâchoire. C'est une amitié fragile et inégale qui se bâtit lentement entre ces partenaires de galère.

Un soir, Marko se montre plus jovial qu'à l'accoutumée. Après s'être perdu dans un monologue sur la géopolitique de la région, il nous raconte ses exploits passés. Il rampe dans son salon déminant un champ imaginaire, bière et clope à la main. On se garde bien de mettre en doute ses paroles. Cette évocation martiale est une opportunité précieuse de bénéficier de son expérience de para-commando. Marko nous transmet une série de trucs amusants et utiles : se soigner et résoudre tous les problèmes à l'aide de *rakija*, tirer à la carabine, nous méfier de la viande de sanglier sauvage, aiguiser les outils, construire un mors et des rênes minimalistes avec quelques bouts de cordes, soigner les chevaux, les nourrir et les abreuver, les mettre au piquet la nuit, etc. Il nous parle aussi beaucoup de son enfance aventureuse et rurale, des faisans capturés dans les friches pour les faire cuire dans l'argile. « *Sehr gut*, très bon », dit-il en frottant sa panse de quinquagénaire.

Le lendemain, Marko jette un coup d'œil sur le timon et les palonniers forgés par Matija de Strmen. S'en suit une bonne rasade de railleries et d'insultes, tant pour Matija (incapable, outre à vin, fainéant) que pour nous (naïfs, dépensiers, amateurs). On ne conteste pas, ni pour l'un ni pour l'autre. Il arrache en quelques coups de marteau le piètre travail et ressoude ça proprement. Éviter notre mort, accélérer notre départ et l'amour du travail bien fait motivent son geste. Le mécanisme est encore largement perfectible, mais c'est du solide.

Un autre soir où Marko est particulièrement porté sur les confidences, il demande à sa femme d'aller dépoussiérer un album photo. Il l'ouvre du premier coup à la page voulue et nous montre un cliché pris deux mois plus tôt, en janvier. On y voit Marko sur un cheval fier et magnifique, un chevreuil occis posé sur l'encolure. La carabine encore chaude pendant sur le flanc du destrier, éclairé par un rayon de lune transperçant les arbres.

« Regardez ! *Dieses Pferd, Bill, mein bester Freund*[4] ! Je faisais tout avec lui. J'allais à l'école de Mima pour mettre les enfants sur son dos. Ah, ils s'amusaient bien ces petits diables. Là, c'est nous dans la rivière ici derrière, là où Linda n'a pas osé pénétrer l'autre jour. Et là, c'est à notre retour de la chasse, il y a deux mois. Vous avez déjà mangé une belle partie du chevreuil qui se trouve sur son encolure ! Ça ne tombe pas du ciel ces choses-là. Nous les Slaves, on sait encore produire notre bonne nourriture nous-mêmes. Bon, où j'en étais ? Mima, tu me servirais une bière ? *Dečki*, une *rakija* ? Mima ! Trois *rakijas* et trois bières si tu veux bien ma colombe. Vous savez les garçons, vous pouvez passer une vie entière à pratiquer votre passion, il ne faut jamais que vous ayez une confiance excessive en vos capacités. Qu'est-ce que vous avez à vous regarder avec ces têtes de hareng saur ? Si je vous dis ça, c'est parce qu'il y a un mois, un mois et demi, je ne sais plus, quelque chose de terrible s'est produit. » En bon narrateur, il s'arrête pour trinquer. On boit à la suite de l'histoire. « La balade à cheval à travers les champs, l'hiver, c'est tellement beau. Pour changer, j'ai pris la voie de chemin de fer désaffectée contournant le champ truffé de mines. Perdu dans mes pensées, j'ai senti le vrombissement d'une abeille dans mon dos, une locomotive me fonçait dessus. Vous avez ma parole, sur mon honneur, Bill ne connaissait

4. Ce cheval, Bill, mon meilleur ami !

ni le doute ni la panique. Il a senti ma peur, tendu les oreilles vers l'arrière et a freiné des quatre fers, refusant de descendre le remblai. Juste le temps pour moi de me projeter sur l'encolure et tout s'envola en un éclair. Je me suis relevé à une dizaine de mètres de Bill, sans aucune égratignure. Puis, j'abrégeai ses souffrances d'un coup de carabine. De retour, je me suis enfermé dans le silence. » Sur quoi, Mima, la douleur encore vive et devinant la teneur de son histoire, éclate en sanglots.

Après la collision, Marko resta prostré de tabac et d'éthanol dans le fauteuil à voir la télévision sans la regarder. Il demeura dans cet état oisif jusqu'à ce que Zlatko l'appelle. Notre épopée lui offre une sortie de la dépression dans laquelle il se complaisait. Nous nous aidons mutuellement à prendre un nouveau départ. On lui donne une belle opportunité de troquer ses frusques de retraité à la dérive pour celles, éculées, d'adjudant-chef autoritaire. Son aura mystique prend plus d'ampleur dans notre imagination après l'évocation de ce tragique événement. Cette histoire clarifie une partie de son caractère déroutant, subtil et brutal. Nous en garderons une leçon importante pour notre survie à court terme : il attache plus d'importance à la vie d'un bon cheval que d'un mauvais homme.

Un drame fécond

(Clément)

La vie est brutale, mais il appartient au cavalier de se remettre directement en selle après sa chute. La raison d'être de notre voyage, c'est le nomadisme. Le mouvement. La fuite. L'espace. Les grands horizons et les denses forêts. Or, en ce beau printemps, nous restons immobiles comme les légumes du potager des Longarevic. Nous contemplons nos connaissances sans en récolter les fruits. Si les chevaux semblent s'accommoder de leur nouveau mode de vie, fait d'exercices et de nourriture plus relevée, nous trépignons d'impatience de nous tirer d'ici.

De tirer, pour l'instant, il n'en est pas question car le harnachement nous fait encore défaut. Alors, sur les conseils de Marko, nous nous rendons à un marché agricole dans la ville bosnienne de Kostajnica, juste de l'autre côté de la frontière. Faire nos courses en Bosnie-Herzégovine est grisant. Y allant en voiture, on s'y voyait déjà en roulotte. La liste de nos emplettes se compose d'une quincaillerie hétéroclite : cordes, vis, rivets, seaux, fers à béton, bidons ainsi que casquettes, haches et machettes. Parmi ces babioles, le plus important pour nous est de faire l'acquisition d'un ballon de foot. Au bazar, mélange de foire agricole et de souk ottoman, nous ne passons pas inaperçus et sommes dévisagés de toute part. J'achète des bottes de sécurité, utiles dans les marais et contre le piétinement des chevaux. Marko repousse les vendeurs ambulants, il sait où aller. On achète le premier harnachement vu et le seul à la vente d'ailleurs, annihilant notre capacité de négociation. On lui fera honneur, le graissant et le lavant consciencieusement. Il nous le rendra bien, sans rouspéter. Sur le retour, j'exige un suintant *Ćevapi*, un chapelet de boudins de viande hachée servis dans leur pain, *lepinja*.

Le lendemain, nous montons dans un train en direction de Zagreb. Nous y sommes convoqués par l'ambassade belge à laquelle nous avions envoyé un e-mail présentant notre projet. Nous revêtons nos plus beaux t-shirts délavés et enfilons nos baskets de foot, promues au civil pour l'occasion. On se rase à la grosse lame, on renoue avec le dentifrice, bien décidés à faire montre de notre meilleure urbanité. Avançant à la vitesse du pas, on se prélasse sur les banquettes vétustes tout en jouant à cache-cache avec le contrôleur qui nous suit à l'odeur.

La capitale nous donne une impression contrastée. Les grandes avenues alternent bâtiments néoclassiques poussiéreux et tours résidentielles yougoslaves, éternelles dans leur décrépitude. Ponctuée de quelques éléments romans massifs et baignée dans de larges zones vertes, la ville dégage une humeur placide. À travers les parcs et les rues pavées entortillées autour des collines, on recharge nos batteries. Ça change des croupes et du crottin.

À l'ambassade, nous sommes chaleureusement reçus. On égrène les banalités d'usage : « Ça a été pour venir ? Il fait beau heureusement. Vous venez d'où en Belgique ? Thé ou café ? La reine est photogénique. » Après ces courtoisies et suite à notre plan détaillé, elle nous lance sur une piste inattendue. « Mais c'est tout à fait romanesque ! À chaque fois que j'entends parler d'une idée farfelue, ce sont toujours des Belges qui tiennent les rênes. J'aimerais beaucoup venir vous saluer avec mon amie, l'ambassadrice du Canada. Je connais quelqu'un qui travaille à la télévision croate. Pourquoi pas un reportage sur vous cinq ? Il s'agit d'une très bonne émission. »
Nous quittons le salon de la résidence avec deux atouts : l'un diplomatique, l'autre médiatique. On enchaîne en direction de l'hôpital afin de faire le rappel du vaccin contre la rage. On est paré contre toute morsure de chien, renard, blaireau et autres furets errants. Après un repas gargantuesque, nous écumons une bonne demi-douzaine de troquets. Notre histoire ne manque pas de nous assurer quelques tournées et quelques

railleries. On rentre chez Zlatko qui réside dans un loft du centre-ville. Cheminée centrale, peaux de bêtes, ameublement de choix, jacuzzi, l'homme ne se mouche pas du pied. Ça nous emmerde que ce m'as-tu-vu nous ait escroqués.

Toutes ces menues préparations, équipements, relations de voisinage, nous rapprochent du départ. La question de l'itinéraire, longtemps repoussée, devient incontournable. Nous en discutons depuis des mois comme à notre habitude : avec fort peu de rigueur, mais à grand renfort d'acharnement aveugle. Nos décisions en la matière se révèlent largement déconnectées de la réalité du terrain. Pour défrayer la chronique et mettre le cap vers l'Orient, s'impose l'étape des Balkans : Croatie, Bosnie-Herzégovine, Serbie, Bulgarie, avant de traverser les plaines d'Anatolie. Dans notre esprit se mêlent confusément des rêves de nomadisme turkmène, de querelles byzantines, de conquêtes alexandrines et de chevauchées mongoles. Nous réinterprétons à notre sauce médiocre les délires mégalomanes de despotes passés, dans des visées moins belliqueuses tout de même.

Aveuglés par ces visions oniriques, nous réalisons un peu tard notre naïveté. La douane croate nous apprend qu'une longue quarantaine est requise au franchissement de la frontière. Les Serbes confirment et les Bosniens tiennent les comptes. D'après un rapide calcul, selon notre itinéraire prévu, nous cumulerions 200 jours d'attente. Triste état que celui du monde du cheval. La tradition millénaire des migrations n'est plus du goût des États modernes. Emmenez-le aussi loin que vous le voulez en transport mécanisé pour sauter quelques barrières, faire des pas de danse ou même une reconstitution historique. Passez votre chemin si vous désirez mener ensemble une existence nomade.

Face à l'obsolescence de notre plan, nous devons nous réinventer. N'est-ce pas la beauté d'un périple justement ? Il s'agit de rencontrer des obstacles et de les surmonter avec ruse, passion, patience et débrouillardise. Ou chance. La situation unique de la Croatie nous est révélée par la bureaucratie bruxelloise. Dernier pays à avoir intégré le club européen, le pays est dans une situation hybride : dans l'Union, mais hors de l'espace Schengen. La législation croate en matière d'équidé remplit en théorie les critères de l'UE. Dans les faits, on a un boulevard pour bricoler une solution. Nous n'avons qu'une seule option viable : la voie du nord. L'ouest donne sur la Slovénie, l'Italie et l'Autriche, pays trop occidentaux à notre goût et trop escarpés à celui de Lili et Linda. L'itinéraire de l'est nous ouvre une passionnante et intrépide voie de garage menant à

l'Ukraine. La guerre civile vient d'éclater au Donbass et ses suites sont difficilement prévisibles. Sale année pour la paix que 2014, qui aura vu en quelque mois les nazis se réincarner en barbus intégristes au Levant et le Vieux Continent renouer avec son désamour moscovite.
Nous jetons notre dévolu sur la Hongrie et peut-être plus loin vers la Pologne. Ainsi, avec ce nouvel itinéraire établi sur un coin d'écran, nous devons conformer nos chevaux à la législation vaccinale. Une fois entrés dans le marché unique, aucun porteur de képi ne pourra faire durablement barrage de sa bêtise ou de son corps contre nous. Il nous faut donc mettre la main sur un certificat délivré par un vétérinaire assermenté. Ça peut sembler assez trivial énoncé de la sorte : on trouve un vétérinaire, il pique les juments, nous tend un bout de papier et n'entend plus jamais parler de nous.

Pour l'heure, nous avons une autre casserole sur le feu. Nous devons faire appel aux services d'un maréchal-ferrant pour pouvoir quitter le jardin de Marko et prendre la route. Quel drôle de métier désuet que celui qui consiste à tailler dans les pieds du cheval pour lui clouer des fers. Dans le monde actuel, où cet animal prend sans cesse un tour plus folklorique et statutaire, cette profession connaît une profonde mutation. Le métier se spécialise et monte en gamme. Autrefois,

le forgeron ou le gitan de passage pliait le problème avec les moyens du bord pour les mules ou les destriers d'armée. On ne ferre pas un cheval destiné à la saucisse. L'on ne ferre pas non plus les individus qui profitent de la vie dans les plaines du parc. Privé de l'extrême majorité des équidés slavoniens, le marché du ferrage local est restreint.
Toujours est-il que l'autoproclamé meilleur et unique maréchal-ferrant professionnel de Croatie nous rejoint un matin chez les Longarevic. Ancien informaticien, il a embrassé ce destin pour faire plaisir à sa fille. Celle-ci se plaignait que les pensionnaires de son manège étaient mal chaussés. Il a instantanément décidé de tout quitter pour aller étudier cette profession au Texas. Quatre mois plus tard, il était diplômé. Son calme et son assurance nous comblent. Nous constatons que manipuler ces énormes créatures n'est pas la plus commode des carrières. Elles tentent de le botter et le mordre sans merci pendant qu'il s'emploie de toutes ses forces à abréger le supplice. Un coup de marteau de travers et le clou part droit là où ça fait mal. C'est du moins la lecture que nous faisons de cet art qui force l'admiration. Notre maréchal-ferrant leur installe des crampons en tungstène pour accrocher l'asphalte. Il fond le métal dans le four du coffre de sa voiture. L'opération est coûteuse, mais à réitérer une seule fois, normalement.

Nouvellement ferrés, nos moteurs peuvent légitimement prétendre à la prochaine étape de notre formation : tirer leur fardeau. Ainsi, après la visite du maréchal-ferrant, nous avons l'honneur de recevoir celle d'une famille de Roms. Ils viennent récupérer quelques vieilles ferrailles, vieux zincs, machines à laver… en échange de l'utilisation de leur charrette pendant une heure ou deux. Ce genre de troc, compétence contre fer, était une de leurs activités principales avant la sédentarisation forcée des années 1950.
On dételle leur âne maigrichon et nos jumelles prennent sa place. C'est la première fois qu'elles vont opérer de concert dans un champ de patates. Elles ont déjà tiré quelques vieux pneus dans le jardin, mais ce n'est pas comparable. Monique, maîtresse d'attelage fréquentée en Belgique, me revient à l'esprit. Selon elle, un tel va toujours vers la droite parce qu'il a peur des moteurs. Un tel va toujours vers la gauche parce qu'il a peur des lignes blanches, sans que les lignes pointillées ne posent problème. Sans nous laisser le temps d'y réfléchir, Marko prend la direction des opérations. Il se campe, jambes écartées, sur la plate-forme de la carriole et tonne de sa voix d'adjudant : « Lili, *rechts*, Linda, *links* ! » Le tempérament calme de Lili couplé à sa force devrait nous éviter une déviation vers le bord de route. Linda étant plus émotive, sa prescription

nous paraît contre-intuitive. Nous fixons les deux traits respectifs des chevaux à la charrette de nos collègues. Après cinq coups d'œil à droite et quatre à gauche, on s'élance dans le champ mitoyen. Je commence par prendre les rênes. Damien reste à l'arrière avec Sotchi solidement arrimé pour éviter une catastrophe. Marko supervise la scène tel un opérateur de char d'assaut sorti en reconnaissance. Le miracle advient et après quelques à-coups, nous voilà au volant de notre propre attelage. Une heure plus tard, nous sommes mûrs pour la circulation. Je cède la place à mon acolyte et lève mon verre à ce succès avec le propriétaire du véhicule. Lancés à travers le village, la foule, interloquée, dévisage ces trublions surgis d'un passé récent et oublié.

C'est avec les yeux rouges d'émotion et de gratitude que nous nous séparons de la famille rom. Elle plie son fourbi et file vers son horizon. Nous allons partager leur destin millénaire, la discrimination en moins. Dans l'heure qui suit, ragaillardis et encouragés par notre *Meister*, nous sautons chacun sur le dos de notre conjointe. En s'accrochant bien à la crinière, elles nous tolèrent après quelques ruades. De fanfarons de rien du tout le matin même, nous voilà cochers et cavaliers fanfaronnant le soir.
Avides de battre le fer tant qu'il est chaud, le lendemain est un jour historique. Nous attelons la roulotte.

Nous nous préparons à parader et à goûter à notre nouvelle vie. Après deux pleines semaines à Sunja, nous nous élançons dans ses rues avec notre *mobil home*. Nous sommes fiers comme des paons et Marko l'est plus encore. Il a réalisé la mission difficile de transformer deux nigauds en ce qui s'approche de maîtres d'attelage. Nous jetons des salutations à toutes les voitures et les habitants sortent sur le pas de leur porte. Nos connaissances, la caissière de l'épicerie, le patron du bar, le voisin, le patron de l'autre bar nous font des grands gestes et on les gratifie de nos premiers *Bok susjed*, salut voisin ! À partir de maintenant, chaque être vivant est notre voisin. Et désormais en Slavonie, quiconque est un tant soit peu patient, n'est pas à l'abri de voir débarquer deux coquins éphémères sur sa propriété.

Marko nous arrose copieusement de joyeux jurons pour nous féliciter :

« *Jebem ti, Kuraz, Gut dečki, ihr seid weniger stupid als ich dachte*[1].

— Merci Marko, nous avons un bon professeur.

— Tais-toi Demo. On s'arrête ici. Je connais la tenancière, c'est une bonne amie à moi. Buvons une bière. »

1. Eh bah mazette, bien joué les gars, vous êtes moins bêtes que je ne le pensais.

Ce faisant, Marko nous distille une de ses plus importantes leçons. C'est bien de posséder et de conduire une roulotte. Cependant, tout ça est bien peu de chose si on ne s'arrête pas dans le moindre troquet pour exposer son matériel et son histoire.

Quelques jours plus tard, les ambassadrices belge et canadienne débarquent dans le cottage rustique et confortable des Longarevic. Mima, toujours timide, se terre dans la cuisine et prépare des gâteaux pour le bonheur de tout le monde. Comme annoncé, elles ont amené la télévision nationale croate dans leur bagage en vue d'un tournage pour *Dobro Jutro*. On en connaît le jingle et tous les ressorts, ayant été de fidèles spectateurs à Strmen. Tout le monde y passe, à quatre ou à deux pattes, mais surtout Marko. Il saute sur l'occasion pour tenir le crachoir et paraître dans toute sa superbe. Victime de son succès, il refusera toutes les propositions de propriétaires désespérés reçues par la suite. On est fiers de rester ses uniques élèves. Il capitalise sur un exploit et désire conserver son statut de héros local.

Le temps de boire un café et les diplomates s'en vont profiter de leur dimanche à la campagne. Elles nous promettent une aide pour passer la frontière hongroise si besoin. S'ensuivent alors quelques prises de vue ambulantes sur un chemin facile qu'on avait déjà parcouru auparavant. Damien prend les rênes et je parle. On émet quelques formules philosophiques creuses, inventons des motivations diverses en pliant la vérité sans la rompre. On se garde bien de mentionner Zlatko, car nous sommes encore sur ses terres de chasse. Après avoir écouté nos réponses couvertes par les aboiements continus de Sotchi, les journalistes rentrent monter leurs images. Ils nous quittent sur le bas-côté. On attache les filles dans un pré, on se pose ; Damien ouvre son journal de bord, je joue de l'harmonica. On s'y croirait.

Une fois bien reposés de cette vie trépidante, on se révèle incapables de sortir de l'ornière dans laquelle est posée la roue avant droite. Sans Marko et sans confiance, les juments ne sont pas pressées de rentrer à l'écurie. Nous avons beau pousser, changer de cocher, aller sur le côté ou encore mettre une planche sous la roue, rien. Un fermier doit nous venir en aide. Il nous fait comprendre qu'on est des charretiers du dimanche. Nous le remercions humblement et réalisons tout le chemin qu'il nous reste à parcourir. Les mots du maître nous reviennent à l'esprit. La correction peut venir à n'importe quel moment, surtout quand on est en confiance.

Le lendemain, alors que nous revenons d'une énième tournée vétérinaire, un silence figé règne dans notre foyer. Marko, les yeux rouges, assis sur le banc contre la maison, console Mima. Elle pleure à chaudes larmes. Seul un croate plus flou que d'habitude sort de sa bouche tremblante. On finit par distinguer « *Pas je mrtav* ». Matija traduit : « Le chien est mort. » Nous sommes sonnés. Voulant constater par moi-même, j'aperçois son corps inerte, à côté des mangeoires des filles, lesquelles broutent comme si de rien n'était. Damien est en pleurs à côté d'elles ; il ne leur en veut pas, je crois. Mais c'est dur pour lui, il se sent responsable. Je trouve le courage d'aller enterrer ce petit morceau de pas grand-chose dans le fond du jardin. Chapardeur, fuyard, traînant une insuffisance pulmonaire, occasionnellement agressif et indifférent aux humains, Sotchi nous laisse en deuil et sans alarme. Il devait être notre compagnon de fortune et d'infortune. Profondément marqué par son parcours carcéral et son âge avancé, il ne s'est pas adapté à sa nouvelle vie. Dès les premiers jours en Belgique, les difficultés relationnelles de cette créature névrosée étaient palpables. Son contact ponctuel, mais couronné d'échecs avec les étalons d'Yves, aurait dû nous mettre la puce à l'oreille. J'apprends que notre enfant terrible tarabustait les chevaux. Selon les Longarevic c'est après l'avoine de Linda qu'il en avait, pourtant immangeable pour lui. Premier avertissement d'un coup de tête. Les aboiements ont redoublé. Deuxième avertissement d'un coup de sabot. Les aboiements ont cessé.

Cet événement provoque en nous une tristesse aiguë à laquelle s'ajoute la fatigue d'une situation que nous déchiffrons mal. Difficile de se défaire de l'impression que notre amateurisme est la cause de la disparition de Sotchi. Mais au vu de son comportement, aurait-il été capable de nous accompagner jusqu'en Belgique ? Nous passions un temps substantiel à le chercher, à subvenir à ses modestes besoins, à tenter de lui apprendre l'un ou l'autre tour, rigolo ou utile. Par indifférence, incapacité ou bêtise, plus probablement un mélange des trois, il n'a jamais daigné accorder beaucoup d'intérêt à nos avances. Nous avons hâté la mort d'un animal que la cruauté et la négligence des hommes avaient déjà fort abîmé. Au moins aura-t-il eu une dernière expérience de liberté et d'aventure à la campagne. Conséquence inattendue, cette disparition précipite notre départ. Notre présence commence à peser trop lourdement sur la famille. On apprendra le reste sur le tas. Au diable les vétérinaires, adieu le chien et les Longarevic.

L'envol

(Damien)

Plus rien ne nous retient de ce côté de la Sava. Nous réalisons que nous sommes prêts à partir depuis plusieurs jours. Le moteur est rodé et nos connaissances, encore basiques, nous suffisent pour entamer les premiers kilomètres. Pour la suite, nous nous référerons à l'adage favori de Marko, qui sera notre lanterne pour les mois à venir, *Malo po Malo*. Tant pis si on n'est pas tout à fait au point, tant pis si nous risquons la ruine et le déshonneur. Arrêtons d'errer chez Marko et réalisons le motif de notre venue : mener une vie de bohème à travers les campagnes slaves !

Le jour du départ, nous quémandons du foin de trèfle chez le voisin. Accueillis à la croate, nous revenons à 8h30 en titubant légèrement chez les Longarevic. On dit au revoir à Mima, partagés entre les pleurs et le soulagement d'avoir évité le diabète. Elle n'en charge pas moins quelques précieuses denrées liquides et solides dans notre clapier. Sous un soleil printanier, nous découvrons enfin notre terrain de jeu. La campagne, gorgée de fleurs, défile au rythme des sabots. On doit se pincer pour le croire : nos juments nous mènent quelque part.

Matija et Marko nous précèdent dans leur vieille Golf jusqu'à la Sava où une première épreuve d'importance nous attend. Point de pont, mais un vieux bac assurant la traversée entre Sunja et Kratečko. Nous guidons les chevaux sur la plateforme exiguë flottant sur la rivière en crue. Nous singeons l'assurance de Marko. Avec notre mentor à nos côtés, l'opération est à notre portée. Toutefois, le poids de la roulotte assure l'immobilité du groupe. Nous touchons terre. Nous devons alors remonter la pente du côté opposé. Traumatisés par l'ornière dans laquelle nous nous étions mis lors du tournage de *Dobro Jutro*, cette pente nous semble être une côte hors catégorie. En réalité, grâce à de subtils encouragements de la voix et du fouet, nous montons sans difficulté. Soulagés, nous renouvelons nos adieux aux Longarevic.

Notre première destination est Topolovac. Cette bourgade se trouve à l'opposé de notre itinéraire, mais elle est dans la zone vétérinaire de Linda. Le drame de Sotchi a relégué cette réalité sanitaire en arrière-plan, mais nous ne pouvons y couper court. Nous avons besoin de faire signer un bon de sortie par le vétérinaire local attestant de sa bonne santé. Celui de Lili fut obtenu sans encombre sous le patronage de l'imposant Miskoc. Les vétérinaires hésitent à nous délivrer le fameux sésame pour Linda - garantie contre la diffusion d'une incontrôlable pandémie. Nous allons donc les traquer jusque dans leur tanière.

Sur le chemin, nous sommes conviés chez des proches d'Ilia de Strmen. Nous arrivons juste à temps pour regarder le reportage de *Dobro Jutro*. L'émission nous présente sous notre meilleur jour comme deux aventuriers hors pair. On rit sous cape de la réelle tournure des événements. On rassure modestement la famille sur notre identité. Ils n'en ont cure et c'est sous une haie d'honneur et les vivats, les bras chargés de victuailles, que nous nous éloignons.
Très vite, notre principal moyen de subsistance se révèle être ce glanage de légumes, de saucisses et de *rakija* auprès des paysans locaux. Nous n'en sommes encore qu'à nos balbutiements dans l'art d'arriver, moitié ahuris moitié désinhibés, crottin-crottant, afin de collecter notre part de dîme. Parfois, notre réputation nous précède. Les provisions nous attendent alors au seuil du village, déposées par la population en liesse, ameutée là par les Gitans qui sonnent le tocsin dans les églises. La plupart du temps, seule la solitude s'entend dans les hameaux traversés.

Lors de notre première nuit en itinérance, une tempête pointe à l'horizon. Pour les protéger de la pluie,

Clément attache les juments à la roulotte sous une bâche, séparées par le timon. Au petit jour, je remarque que Lili a changé de place. Linda est placide. Clément dort toujours. Soudain, dans un râle, il m'apprend qu'il a besoin de *rakija*. Pour se désinfecter la main, me rassure-t-il. Lili et Linda accrochées trop proches l'une de l'autre sous les éclairs avaient tout mis en pagaille. Clément a voulu les sortir de là et a failli y laisser sa main. Plus de peur que de mal, heureusement, mais voilà le genre d'incident menaçant notre quotidien.

Vers midi, on traverse un camp de Gitans installé dans une friche en marge d'une centrale gaz vapeur. Des meutes de chiens nous poursuivent prudemment ; eux connaissent le danger que représentent les chevaux. Après les aboiements suivent les enfants. En quelques minutes, une vingtaine d'entre eux sont rassemblés autour de nous. Ils touchent, virevoltent, poussent des cris de joie et lancent des questions que nous peinons à saisir à la volée. Devant toute cette effusion, nous décidons de nous y arrêter pour la pause de midi. Dessein pittoresque et distrayant, mais pauvre en repos. Nous devons constamment garder un œil sur le mobilier animé et inanimé pour prévenir un accident redouté. Heureusement, le chien n'est plus là.

Parvenus chez les vétérinaires de Topolovac, nous dressons le siège dans leur cour. Anticipant une longue lutte, on se met en quête de nourriture. Matija, 14 ans et anglophone confirmé grâce à la pratique assidue des jeux vidéo en ligne, nous emmène chez sa grand-mère au bout de l'avenue principale. Elle nous fournit une énorme quantité de superbes provisions : burgers, poissons, saucisses, steaks, côtelettes… Satisfaits de notre récolte, nous mangeons d'horribles carassins, sorte de petites carpes à épines. Nous laissons les mets fins décongeler sur la banquette le temps d'une sieste. Au réveil, les plastiques sont éventrés autour de nous. Nous découvrons naïvement que nous occupons la même place que les chiens errants dans la chaîne alimentaire : celle où l'on récupère les restes. Tout au plus avons-nous pu sauver une grosse saucisse *kobac* légèrement mastiquée.

Le camp se mue en point de rassemblement du village. Nous éclaboussons les plus jeunes de notre football et les plus vieux de notre *rakija.* Le dernier soir, quelques cowboys arrivés à cheval, chapeaux sur la tête et éperons aux pieds, nous rejoignent. Le camp revêt maintenant une ambiance de western. Les visages des hommes sont éclairés par les reflets du feu de camp et seul se fait entendre le cliquetis des gobelets métalliques.

À la fin du weekend, les vétérinaires, fatigués de nous avoir dans les pattes, finissent par nous dire tout net qu'ils ne signeront jamais rien. Nous les affublons de tous les noms d'oiseaux que nous connaissons et décidons de passer outre ce papier. Des adieux déchirants ont lieu avec les grands-parents de Matija, qui nous avaient adoptés. Prenant fait et cause pour nous, ce couple nous a longtemps encouragés pendant notre persécution des vétérinaires.

On fait demi-tour et on se dirige vers la demeure de Jakcha et Vedrana, voisins de Miskoc à Mužilovčica. Ce couple, tenancier d'une chambre d'hôtes, nous veut manifestement beaucoup de bien. Jakcha s'occupe de tromper nos sens pendant que Vedrana les comble en nous gavant de beignets. Ils nous vendent une selle et un fusil à plomb dont nous sommes persuadés qu'il nous servira bientôt à chasser faisans, poulardes et vétérinaires. Tout naturellement, on se met à parler de nos déboires avec eux. Se gardant d'accabler la profession, mais fustigeant les hommes. Jakcha, béni soit-il, nous dit qu'il connaît un bon vétérinaire et que nous pouvons l'appeler pour y voir plus clair. Ni une ni deux, Clément dégaine le téléphone et demande le numéro. Après une rapide conversation, la compréhension de notre cul-de-sac administratif s'est affinée.

Quelques dizaines de beignets plus tard, nous embrassons tout le monde et franchissons le porche de la grange de Jakcha, les deux belles piaffant d'impatience pour les aventures à venir. Nos premiers jours de voyage coulent aussi paisiblement que la Sava à nos pieds. Les chênes dardent leur buste majestueux vers des cieux clairs obscurs. Les cigognes, l'emblème du parc, récemment revenues d'Afrique, survolent des ménageries hétéroclites.

Grâce à notre bonne presse, nous recevons souvent quatre cadeaux. Le foin, *trava*, important surtout en cette saison car l'herbe est trop fraîche et son abus donnerait des coliques aux herbivores. L'adage veut que le bon foin est celui que l'humain mangerait. L'avoine, *zob*, véritable énergisant hippique. Les juments en sont folles et il est impossible de tenir sur le long terme sans une bonne réserve. L'habitacle en est régulièrement envahi, les sacs nous servent d'oreillers. La *rakija*, qui fait la fierté de n'importe quel citoyen des Balkans, peu importe le nom qu'il lui donne. Enfin, lipide sur le gâteau, le *speck*. On nous en fournit en quantité astronomique si bien que les morceaux de lard fumé voyagent souvent plusieurs semaines avec nous.

L'orage menace à nouveau et nous accélérons pour éviter de nous mouiller. Selon Marko, les poumons des chevaux sont fragiles. Plus tard, nous comprendrons qu'ils supportent très bien la pluie. Erreur de traduction, dramatisation de Marko ou stupidité de notre part ? Impossible de savoir. C'est le refroidissement à l'issue d'un effort dont nous devons nous méfier. Ces bonnes intentions nous pousseront encore à des réactions excessives, inutiles et fatigantes.

Alors que nous hâtons le mouvement des rênes et les fouettons de la voix, Linda se lance dans le premier galop que nous lui connaissons. Petit gabarit, elle pioche pour suivre le pas de Lili. Celle-ci, de facto déclassée, surenchérit et nous voilà lancés sur quelques centaines de mètres au grand train. Tous quatre haletants, nous nous présentons à une fermette dotée d'un engageant terrain vague. Nous sommes à notre place parmi les ferrailles, carcasses d'autos et autres déchets. Toni, le *pater familae*, nous accueille et loge notre duo à côté d'un magnifique hongre blanc *posavina*. Nous sommes convaincus qu'il sauve notre radeau d'une mort certaine. Tout le monde échappe à la douche naturelle et Toni nous propose d'en jouir d'une chez lui, ce qui est plus agréable. Cela va de soi. S'ensuit un traditionnel *rostelnij*. Les hommes se gavent, les femmes servent. Mais tout le monde en profite. On est surpris de cette distribution inégalitaire du travail, mais on n'ose pas broncher. Le questionnement autour de cette situation nous a déjà attiré des commentaires réprobateurs chez les Longarevic. Rassasiés, on s'en va rejoindre notre appartement mobile.

Pâques croates

(Clément)

À la hauteur de Puska, fusil en croate, nous quittons le cours du fleuve et nous enfonçons dans les terres. Nous jetons un regard mélancolique sur les méandres de la Save massive et ondulante qui a bercé notre arrivée en Croatie. Nous trimardons sur des routes défoncées, encore désorientés par ces bouleversements d'itinéraire. La plupart de nos affaires dévalent des armoires à la moindre secousse. Sans lui dénier ses qualités, la roulotte est dépourvue d'amortisseurs. Autant dire qu'à l'intérieur, on vit le relief intensément. Soudain, je constate que Linda fait un pas de côté qui lui est inhabituel. Elle boîte et il nous paraît peu judicieux de continuer. Nous prospectons le hameau de Kraljeva Velika à la recherche du gîte, du couvert et d'un véto.

Très vite, le village nous absorbe. La famille de Tomas, à la demeure modeste mais à la générosité proverbiale, nous accueille. Elle nous invite à l'apéro et met à disposition de vieilles étables à cochons inutilisées. Nos juments n'en demandaient pas tant : foin de qualité à profusion et repos. Le vétérinaire viendra le lendemain. En attendant, nous sommes invités chez Maria dont le banquet comble le reste de nos besoins. Jambon, œufs d'oie, tomates, oignons, salade, saucisses, bière, *rakija* sont les mets usuels qui nous ravissent le corps et l'esprit. Rassasiés comme rarement, nous nous logeons en bord de route à la hauteur de sa maison. Ainsi, nous gardons un œil sur les chevaux tout en restant à proximité de ses sanitaires.

Le vétérinaire, Sime, arrive aux aurores. Il détecte une contusion à la jambe arrière gauche de Linda. Quelques jours de repos et tout ira mieux. Cet homme est très affable et de nature curieuse. Dans un anglais fluide, il nous questionne sur notre voyage. Il est plus habitué à soigner des vaches et des cochons dans les alentours que d'avoir affaire à deux hurluberlus. On s'attable, on boit une bière, je lui raconte notre récit que Damien rectifie. Ému par notre infructueuse offensive du cabinet vétérinaire de Topolovac, Sime vérifie dans l'instant les vaccins. Il administre une ou deux piqûres à Linda et tamponne son carnet afin de nous ouvrir la voie de l'espace Schengen. On se perd en remerciements. Ce que la troupe de procéduriers nous a toujours refusé, il vient de nous le produire d'un revers de main.

Nous lions la blessure de Linda à une mise à l'écurie douteuse datant du séjour chez Jakcha. Comme lors de la tempête, Lili aura certainement cogné sa partenaire trop proche à son goût. Les jours suivants, nous rencontrons d'autres infortunes de ce type. Alors que nous campons, paisiblement affairés à préparer notre repas, les affamées sont au piquet dans un sous-bois de sapin. Pendant ma ronde de routine, je découvre Linda dans la corde qu'elle a emberlificotée entre les arbres. Paralysée et en voie d'étranglement, je la libère et l'accroche dans un espace libre d'obstacles.

Lors d'une autre pause, nous pensons que les juments nous aiment suffisamment pour ne pas s'éloigner. On les laisse libres dans un espace fermé sur trois côtés. Ni une ni deux, elles prennent la poudre d'escampette. Nous courons comme de pauvres hères après notre attelage en priant de ne pas être vus dans cette situation embarrassante. L'avoine les rappelle finalement au bercail. Trois règles se dégagent de la mise au piquet : de l'espace pour chacune, pas d'obstacle à proximité et les attacher solidement.

Nous profitons de ce repos forcé pour jouir du bourg et de ses habitants qui nous réservent de bonnes surprises. On fait fi de la rumeur qui prend de l'ampleur sur notre relation et on se lave à poil au grand air en se versant mutuellement le contenu d'une marmite d'eau chaude sur la tête. On n'est pas inquiets d'être vus et d'exposer nos corps de dieux slaves, mais on ne traîne pas pour autant. Les Kraljevins sont des voisins charmants. Ce village complètement anecdotique, sans intérêt manifeste, ni beau ni laid, est coincé entre une nationale et une usine pétrochimique. Un bourg béni des dieux dans lequel j'aimerais que mes pas me mènent lors d'un autre voyage.

Nos progrès en croate nous permettent des échanges plus approfondis avec nos voisins. Damien et moi passons des moments d'une extraordinaire fraternité ensemble, mais il est important pour nous de communiquer avec d'autres. Au-delà de la pure socialisation avec les autochtones, cet élargissement de notre vocabulaire nous permet d'accéder à de nouveaux horizons. C'est une belle langue, logique dans une certaine mesure, chantante qui se recoupe avec plusieurs langues cousines. Le serbe, le bosniaque et le croate sont jumeaux et s'écrivent en deux alphabets distincts : le latin et le cyrillique. Le charme discret du parler croate tient également à ses quelques lettres inédites, alphabet dérivé du latin dit « Gaj ». Ainsi ses sons communs avec les autres langues slaves lui confèrent une douceur et une subtilité délicieuse : *čokolada* (qui se prononce tchokolada), *Ljubav* (lioubav), *šteta* (chteta) ou *život* (jivot)[1]. On se sent comme chez nous en prononçant ces

1. Qui se traduisent respectivement par : chocolat, l'Amour, dommage, la vie.

mots. Nous nous acharnons dans l'assimilation d'un maximum de notions grammaticales et lexicales dès que l'opportunité se présente. Aidés d'un minuscule dictionnaire, nous empilons chaque jour de nouvelles expressions en jouant au foot avec les gamins du coin.

À la faveur d'un heureux hasard, nous mettons la main sur un concept physique qui élargit le champ de nos possibles alimentaires. Nous sommes écoeurés des saucisses et du *speck* fournis *ad nauseam*. Où est donc la bonne mangeaille ? Les côtes d'agneaux et de chevreaux que nous voyons gambader partout, les poulets, les lapins, les côtelettes de porc ? Ces radins déchargent leurs vieux lards dans nos artères quand ils s'octroient la part du lion. À nos interrogations « *Imate meso za prodajeti ?* »[2], on nous répond invariablement par la négative, *nimamo*. Aigris, nous envisageons des rapts de canards.

Une partie de la diaspora croate étant au pays pour les fêtes pascales, nous tombons par hasard sur des expatriés aux États-Unis. Des agneaux caracolent ostensiblement dans le pré et on se dit que, ce coup-ci, ils sont coincés. Eux aussi sont désolés, mais n'ont pas de viande sinon de la saucisse *kobac* ou un éventuel *speck*. Nous demandons si vraiment le congélateur

2. « Avez-vous de la viande à vendre ? »

ne contient pas un petit steak de rien du tout et là, subitement, tout s'éclaire : « *Frozen meat* ? *Smrznuto meso* ? »[3]. Il suffit de savoir le prononcer. Le frigidaire en est rempli jusqu'à la gueule. Nous repartons avec quatre ou cinq steaks. Ils refusent nos deniers. À l'heure de Google Traduction cela peut paraître trivial, mais un mot a fait la différence entre disette et recette.

En cette période de fête, une procession rituelle de plateaux d'offrandes de Pâques se présente à notre porte. Toutes les personnes croisées depuis notre arrivée viennent nous apporter un jambon et une douzaine d'œufs cuits durs. Cependant, nous ne reconnaissons pas la moitié de ces généreux donateurs. Subitement, on se prend pour une version homoparentale de Marie et Joseph recevant les dons de la nativité. Notre petit Jésus étant déjà à nos côtés à notre insu… On commence par se jeter sur les steaks et les œufs cuits durs. Très vite, on déborde. Les plateaux s'amoncellent à l'intérieur et deviennent un espace de reproduction pour les mouches. On refuse tant qu'on peut, invoquant le manque de moyen de conservation. Vous avez déjà vu un nomade avec un tupperware ? Ça serait inconvenant. Mais, le village profite de notre faiblesse pour se décharger de ses restes. Pris à notre propre piège, on est condamnés à nous empiffrer.

3. « De la viande congelée ? »

Nous assistons à une séance de penaltys épiques lors du match de foot local. Plus de vingt-quatre essais au total seront tirés au lieu des dix initialement prévus. Kraljeva l'emporte héroïquement sur Lipovljani, véritable David contre Goliath. Nous accompagnons les supporters dans une tournée des bars. Nous sommes désormais intégrés. On nous offre même un maillot local que nous conservons précieusement depuis.

Le lendemain, je me réveille fourbu et l'esprit embrumé. Je mets quelques instants pour resituer la fin de soirée : bar bruyant, trop d'alcool, une mémorable partie de football, retour chaotique en voiture, dodo dans le terrier. J'imagine que Damien est déjà debout depuis belle lurette. J'espère qu'il ne va pas faire la gueule parce qu'il est tard. On est dimanche après tout. Je constate que notre installation précaire touche à ses limites. Le site va prochainement devenir impropre à l'occupation, il faut lever le camp aujourd'hui. Maria n'a pas encore remarqué que j'avais transformé son allée de jardin en sanitaire, mon honneur est sauf. J'hésite entre aller chez elle me faire un café ou aller voir les chevaux. Heureusement, Demo, matinal, a assuré les soins minimaux.

Je replie le capharnaüm déversé de-ci de-là après trois jours de sédentarité et me rends chez nos voisins de l'autre côté de la route où j'aperçois Damien en grande agitation autour d'un seau en plastique. Il babille avec des chiots et des enfants, mais surtout avec les chiots. Je m'assois sur la pelouse et me prends facilement au jeu. Il est exalté devant les bêtes ; moi, ce n'est pas trop mon truc. Après quelques minutes passées à jouer avec les chiots et à pousser quelques onomatopées, je suggère qu'on s'ébranle. On nous apprend que la portée de bâtards, nés d'un père inconnu et d'une mère sauciforme, finira dans la Sava. Jakcha nous avait déjà mis en garde : les chiens errants sont légion par ici. Ceux cloîtrés dans des chenils sont encore plus à plaindre. Face à la prolifération des indésirables, autant les faire disparaître, de la vue si possible, tout court s'il faut s'y résoudre.

La tentation est forte de remplacer l'infortuné Sotchi par une version plus adorable, moins pervertie par les épreuves de la vie et plus pratique à transporter. Personnellement, je suis encore échaudé par l'événement tragique. On a déjà suffisamment de mal avec les deux juments, pourquoi y rajouter un nourrisson braillard ? Damien tente de me persuader que ce petit être nous assurera la meilleure carte de visite qui soit. Je cède. Il me laisse choisir sans conviction un mâle noir comme la nuit et aux souliers blancs comme neige. Il semblerait qu'un chien soit absolument nécessaire à une aventure comme la nôtre. Nous sommes à nouveau cinq et Kraljeva vient de nous livrer son plus beau présent.

À peine remis en route, on évoque l'aspect pratique. Faire d'abord, discuter ensuite. Il apparaît qu'à cinq semaines, il n'est pas encore sevré. Il nous faut lui dénicher du lait. Nous nous arrêtons devant la première ferme isolée. Je prends le chiot dans ma paume et m'en vais sonner. Une paysanne rougeaude et interdite se présente. Elle me scrute, son regard s'éclaire lorsqu'il se pose sur le divin enfant. Au bout de quelques instants, je suis de retour avec le lait de vache qui devrait assurer sa survie dans les prochains jours ainsi qu'avec une cochonnaille et une bouteille de *rakija*. Deux juments, ça produit son effet, mais le chiot décuple notre attractivité.

Pour le baptême, on hésite entre *Tchén*, soit *chien* en wallon, ou plus simplement encore *djeu*, juron qu'on utilise constamment. On tranche pour un mélange incompréhensible en dérivant l'orthographe en fonction du pays traversé : Teuch, Töcz, Toč, Dodz. Notre équipée, enrichie d'une créature bien fragile, chemine vers le nord de la Croatie en direction de la frontière hongroise. Nous grillons les dernières victuailles de Pâques à Piljenice en bordure d'une propriété à l'abandon. Teuch mâchonne vaguement un bout de gras. Fenêtres cassées, jardin en friche, aucun signe de vie. Surgit alors de l'arrière de la maison, la réincarnation croate et légèrement couperosée du père Noël : air hirsute, nez de la circonférence d'une patate et œil torve. Manifestement enchanté de trouver deux blancs becs squattant son jardin, il dégaine comme par magie un flacon de *rakija*. Nous le remercions pour cette offrande et vidons subrepticement le liquide dans le feu. L'air du bonhomme, les flammes incolores et la quantité de particules en suspension nous font douter de cette bouteille. Certainement pas la dernière que nous allions recevoir, mais assurément la plus frelatée.

Ces pauses pour la cuisine, pas toujours troublées par des présences aussi liquoreuses, scandent les déplacements et consument une partie de notre journée. Lors des préparatifs, nous nous étions peu intéressés à notre futur régime alimentaire. Après avoir été gavés comme des canards par Mima à Sunja, nous devons à nouveau voler de nos propres ailes. Pas assez concernés, nous n'avons pas de gaz et préparons tous nos repas au feu de bois. Une heure est nécessaire pour préparer le café et nous empestons la fumée.

Lors d'un raid dans un édifice abandonné, nous découvrons une grande marmite qui nous paraît bien pratique. Elle nous sert à préparer les repas, à chauffer l'eau pour nous laver et à faire la vaisselle. Avec la passoire et un *cezve*, pot métallique cylindrique utilisé pour faire le café à l'orientale, ce sont nos seuls objets indispensables. Sauf les jours, assez nombreux, où nous sommes invités à faire bombance chez des hôtes, nous mangeons toujours la même chose. L'impossibilité de conserver des aliments frais n'offre que peu d'options. On fait revenir du chou ou des oignons avec du *speck* accompagnés, les jours fastes, par un féculent. Quelques variantes existent, notamment en allant cueillir des pissenlits ou en faisant directement griller le lard au feu et en recueillant sa graisse sur du pain. Néanmoins, cette cuisine n'en garde pas moins une saveur toute particulière, celle de la cendre tombant dans l'eau et vice-versa. Le cocher ingurgite sa pitance quand l'humain mange son plat.

Nous arrivons en vue de Jamarica, village de quelques centaines d'habitants essaimés le long d'une route unique. Encore un patelin quelconque. Cependant, quand on voyage aussi lentement, chaque rue peut se révéler être une oasis providentielle. Il n'y a rien ici, si ce n'est quelques granges, quelques nains de jardin, une ferme à laquelle on va toquer, comme c'est devenu notre habitude. Personne ne répond. Nous allons nous installer à la bordure du cimetière. Arrivés à la chapelle, nous trouvons notre bonheur sous forme d'eau potable, de champ de trèfles et de calme. Notre plénitude se voit interrompue lorsque le propriétaire pointe le bout de son nez. Ses invectives sont claires : reprenez vos affaires, remballez votre fourbi et repartez d'où vous venez. Admirant le magnifique coucher de soleil qui baigne notre étape, on ne met pas de cœur à l'ouvrage. Nous arrachons nos juments à leur gueuleton. Voici le tracteur et son conducteur qui reviennent nous voir. On fait mine de presser le rangement. Viktor s'est débarrassé de sa mine renfrognée et l'a troquée contre une cargaison de vivres : des œufs frais, de la *rakija*, un reste de saucisses *kobac*. Il se confond en excuses et invite hommes et chevaux à passer la nuit dans le champ. Pour une raison abstruse, il a radicalement changé d'avis. On suspecte de près ou de loin un effet *Dobro Jutro* sans en avoir la confirmation. On sourit, se remercie mutuellement d'exister, se serre la main. Il traîne à nos côtés pour s'entendre conter une anecdote et vérifier notre confort. Chacun rentre dans ses pénates bien heureux. Teuch, impassible, continue de ronger son os. Il n'y a rien de mieux que de passer de la déception à l'enchantement, du désarroi à la sérénité.

Alors que nous dissertons tranquillement du temps qui passe, nous remarquons que, subrepticement, des milliers de mouches se sont glissées dans notre roulotte et que nous sommes cernés par ces innombrables créatures. Pour quelle mystérieuse raison ces hexapodes tiennent-ils leur conciliabule sur notre plafond ? Nous n'en savons rien, mais le moment de stupeur passé, nous nous lançons dans une extermination en règle. Il est tout à fait impossible de fermer l'œil de la nuit en l'état. La vacuité de la tâche nous apparaît rapidement tant ces affreuses bestioles sont nombreuses. Une deuxième stratégie sortie de nos cerveaux rompus à la fourberie est alors appliquée. Nous ne massacrons plus personne, nous les rabattons vers la porte d'entrée à l'aide de serviettes et de couvertures. L'opération est relativement facile, car l'habitacle est carré et est donc rapidement couvert. Seule lacune dans notre plan, les mouches se réfugient dans les espaces de rangement des vêtements et des livres. Nos contorsions pour chasser les dernières pensionnaires sont vaines. Après une bonne demi-heure, il en reste quelques dizaines, chiffre tout à fait acceptable, et nous décidons d'en rester là. Nous nous endormons bercés par le bourdonnement familier.

Plus loin sur la route, nous sommes hélés par deux quidams, chargés de deux ballots. Mieux encore, ils nous invitent à casser la croûte chez eux le temps d'une averse. Bien sûr, il s'agit là encore d'une ruse balkanique pour écouler les réserves de *rakija* du ménage. On nous sert un peu de *speck*, de *kobac* et plein de *rakija* dans des petites chopes en faïence. Nous contons notre saga, exercice auquel nous sommes bien rodés. Se tortillant les moustaches, ils nous font alors signe de les suivre dans leur grange. Un sacré bolide attend dans la bâtisse croulante. Ils nous font monter à l'arrière pour une démonstration. Dans le cockpit de cette Formule 1, on fonce à du 10-12 km/h à travers les allées de Janja Lipa. Nous assistons à une véritable leçon de conduite. Vitesse, élégance, finesse, en une heure nous comprenons tout le chemin qu'il nous reste à parcourir. À 17 heures, avec une bonne demi-bouteille vaporeuse chacun, nous sommes incapables de redémarrer. Heureusement, ils proposent de nous loger, la maison sur le parking et les voitures à l'étable. Après seulement cinq kilomètres parcourus, nous sacrifions une nouvelle journée de voyage sur l'autel de la *rakija* et de la camaraderie. Très vite, lors des premiers jours de ce périple, une règle simple, mais sacrée, va scander notre progression : ne jamais dire non, à quoi que ce soit. Une expression sanctifie cette discipline de vie : *Zasto ne* ? Pourquoi pas ? Notre nouvelle religion nous conjure d'honorer immanquablement l'hospitalité offerte. On ne sait jamais quand sera notre prochain repas chaud attablé à l'abri de la pluie et des ténèbres.

Avant de nous laisser repartir, nos nouveaux voisins exécutent une promesse formulée entre deux verres. Selon eux, notre système de palonnier est inefficace. Cette pièce devrait être constituée d'un double axe. D'une part, les palonniers doivent être mobiles pour équilibrer les traits. D'autre part, la barre les rassemblant doit également être pivotante afin de répartir la traction équitablement entre les chevaux. Ce système nous sera utile car nos juments étant de gabarits différents, elles tirent au flanc à tour de rôle. Linda se prélasse à l'arrière, laissant le soin à Lili de faire tout le boulot. Une touchette plus tard, elle part en amble et c'est au tour de Lili, impassible d'être à la traîne jusqu'à ce que sa comparse ralentisse. Et ainsi de suite.

Ironiquement, ils démantèlent le travail de Marko qui avait lui-même pulvérisé celui de Matija I. On est toujours l'incapable de quelqu'un. La Slavonie met à notre disposition, et par étape, ses meilleures compétences de ferronnerie. Nous quittons cette communauté chaleureuse et compétente qui en l'espace de quelques heures a pris des airs de famille.

C'est bien fournis, le cœur léger et le charriot coulissant à merveille que nous quittons Janja Lipa, persuadés d'avoir atteint le stade ultime du perfectionnement

de notre véhicule. Cette intervention clôture, pour un temps, la séquence bricolage de notre chaumière. Tout l'hiver, nous nous sommes agités pour transformer cet ancien plateau à foin en une structure rigide et isolée du monde extérieur. En perdant son toit et les éléments les plus fragiles lors de son premier déplacement motorisé, la rénovation nous fut facilitée. Quelques plaques de revêtement bitumé pour la pluie, des planches pour le bardage, une dizaine de centimètres d'isolant parsemé au petit bonheur la chance, une porte rétive et nous eûmes un habitacle. Des lits et une table rabattables, des espaces de rangement sommaires, un système électrique 12V sur panneaux solaires, une radio et ce devint une chambre. Des phares, des rétroviseurs, de nouveaux pneus et un siège de Saab pour le conducteur et la carriole fut.
Durant toute cette préparation, nous avons pensé à notre bonheur, à nos joies et à nos passions. Ce n'est pourtant pas notre confort qui importe, mais celui de nos chevaux. Dans l'état dans lequel nous sommes partis, nous aurions tout au plus pu y atteler deux sangliers.

Ces dernières améliorations tombent à point nommé car, durant les jours suivants, nous faisons face à deux difficultés. La météo se dégrade sensiblement, transformant cette lune de miel en courses d'obstacles.

Trempés jusqu'aux os, les gouttes dans les yeux nous ramènent dans l'ambiance des plaines de la Sava. Plus inédit, nous faisons face à nos premiers reliefs, une épreuve difficile pour notre attelage. En effet, on peut considérer qu'une pente de 10% fait perdre au cheval 50% de sa force de traction. À l'inverse, tracter notre tonne sur une route entièrement plate est presque l'équivalent d'un trajet sans charge, de notre point de vue tout du moins. Avec une bonne dose de concertation, de préparation et de confiance, nous les gravissons sans encombre. Dans les faits, les bêtes font tout le boulot pendant qu'on prie les dieux hippiques. Nous domptons notre crainte et l'angoisse qui transparaissent dans nos cordes vocales et à travers les pores de notre peau.

Au détour d'une prairie, nous tombons sur une scène étrange. Nous apercevons de loin ce qui semble être une foire agricole. Nous nous en approchons, toujours avides de bonne ou mauvaise compagnie. Avec notre aspect de charretiers, on espère être vite en terrain conquis. Nous pénétrons sur le parking où des tracteurs flambants neufs sont stationnés. Les hôtesses aux jambes interminables et les chemises blanches des commerciaux tranchent avec les casquettes et les gueules cassées auxquelles nous tentons d'appartenir. Les grandes marques de l'agro-business essayent de convaincre des fermiers d'investir ou de s'endetter. Cette scène nous paraît à la fois bien étrange et un peu triste. Nous avalons quelques biscuits et verres de vin acide et déguerpissons. À quelques centaines de mètres, nous attaquons une côte vraiment brutale, profondément ravinée, qui complique encore l'ascension. Les ouvriers qui effectuent un chantier sur ce tronçon nous regardent passer dans un ralenti extrême et prennent les paris sur « passera/passera pas ». L'équipage fait son maximum pour tenir son rang et nous faisons beaucoup de déçus. Au sommet, nous rejoignons une campagne dénudée où l'herbe est juvénile et rare. Beaucoup de cultures rendent le bivouac ardu et nous craignons de nous installer au vu et au su de tous. Un bâtiment légèrement en retrait nous semble être une étable idéale pour la nuit. Inspection faite, il s'agit d'une de ces anciennes exploitations collectives. Le garage à tracteurs dissimule notre foyer et est rempli d'un foin décent. Nous sommes persuadés d'être passés inaperçus et nous retirons paisiblement dans nos appartements, le ventre vide. Il est difficile de faire du feu, car peu de bois est disponible et avec tout ce foin autour de nous, on préfère se montrer prudents.

On passe le temps à jouer quelques parties d'échecs. Soudain, jappements de Teuch, flashs de lampes de poche, phrases en croates, gyrophares de police : nous sommes faits comme des rats. Les policiers s'interrogent sur la nature du bric-à-brac qu'on leur a signalé. *Sto je to ? Ima neko ?*[4]. Nous sortons de notre repère et nous excusons pour la liberté que nous avons prise. Ils nous sermonnent bravement voyant que l'on constitue une faible menace pour la nation et nous enjoignent de déguerpir aux premières lueurs du jour. Nous obtempérons et passons l'un dans l'autre une excellente nuit. C'est notre première rencontre avec la police et pas la dernière. Nous en tirons une leçon simple : mieux vaut une nouvelle funeste qu'une menace durable. Quand les flics sont passés, on peut dormir sur nos deux oreilles.

Nous entrons dans Grubišno Polje accompagnés par une averse apocalyptique. Il faut en catastrophe s'arrêter dans une pompe à essence, ce qui ne manque pas d'amuser les automobilistes et le personnel. Damien est ravi, voyant en cet arrêt forcé un anachronisme prophétique. Je me satisfais du petit magasin pour ramener deux sucreries. À la sortie de la ville, alors que s'amorcent des côtes aux pourcentages inquiétants de 6-7%, un ivrogne de père Noël nous appelle et nous ouvre ses portes. Nous rentrons la roulotte dans la cour et passons la fin de journée à admirer la ménagerie familiale. Poules, cochons, lapins, avec nos commensaux, l'arche est au complet. Une douche

4. « Qu'est-ce que c'est ? Il y a quelqu'un ? »

bienvenue vient nous libérer de l'humidité malsaine dans laquelle nous baignons depuis plusieurs jours. Le feuilleton à la télé n'étant pas trop notre tasse d'eau-de-vie, on s'éclipse.

« Clément, Clément, réveille-toi, il faut qu'on foute le camp ! ». Qu'est-ce qui lui prend à celui-là ? Il fait encore nuit. « J'ai mis la main dans une merde de Teuch, barrons-nous » ! Ça lui apprendra à le faire dormir à l'intérieur à la moindre goutte, cœur d'artichaut va. Profondément enfoui dans mes couvertures, je le laisse atteler et ébranler notre monde. Au son de l'inévitable *ajde*[5], je rampe de mon lit jusqu'au poste de pilotage en esquivant les livres et matériels divers qui dévalent des armoires. Ce coup du sort a déterminé Damien à abattre du kilomètre. Il n'a aucune attention pour mon besoin de café, je retourne maugréer misérablement dans ma couche. En guise de cadeau de départ, les juments gratifient notre hôte d'un beau crottin avant d'avoir franchi le porche.

Épuisés par le trafic et une côte, nous nous engageons sur une piste en gravier à l'aveuglette. Après une demi-heure de conduite, nous découvrons une

5. *Ajde* est l'injonction turque employée pour encourager un homme ou un cheval à se mettre en mouvement, à aller plus vite.

cuvette escarpée d'une cinquantaine de mètres. Notre expérience des descentes étant à peine plus affirmée que celle des montées, nous sommes inquiets. Nous nous lançons ardemment dans la pente, un pied sur le frein et le fouet bien en main. Plein gaz sur le replat, nous veillons à ne pas prendre l'attelage de vitesse ni à les percuter. L'élan et notre inertie nous projettent loin dans la remontée. Nous sommes tous les cinq ébranlés lorsque les filles reprennent le contact avec le véhicule et prolongent sa lancée. Au deuxième tiers de la côte, elles montrent des signes de faiblesse et rapidement on s'arrête à quelques mètres du salut. Nous tentons de relancer le mouvement quitte à pousser nous aussi, mais rien n'y fait, la flamme est éteinte. Nous serrons le frein à main et nous nous retrouvons coincés au milieu de nulle part avec l'impossibilité de redémarrer. Afin de pouvoir reprendre de l'élan, nous devons regagner le plat. Plus facile à dire qu'à faire, car cela implique soit de dételer, procédure longue et délicate, soit de faire reculer Lilli et Linda. Un cheval n'apprécie guère les reculades, cabriole contre nature s'il en est. Après quelques zigzags, elles restent étonnamment calmes et nous regagnons la zone neutre. Nous prenons le temps de réfléchir, de nous encourager, de nous rassurer, de vérifier que le chien est toujours là, de ravaler notre appréhension et un bout de *speck* et nous faisons une deuxième tentative. Cette fois-ci, sans ménager la voix et le bâton ; il en va du bien-être de tous, tant nous sommes mal pris dans ce *no man's land*. Les chevaux, par leur incroyable capacité d'identifier aussi bien la peur que la volonté absolue de triompher d'un obstacle, montent les quelques dizaines de mètres nous menant au sommet. Ce qu'elles n'avaient pu accomplir avec de l'élan, elles le réalisent en force dans l'instant qui suit. À la manière de sportives, leur performance dépend autant de facteurs psychologiques que physiques, ce que nous comprenons mal, mais avec quoi nous pouvons mettre notre détermination en résonance.

Un kilomètre plus loin, nous plantons le camp pour la pause de midi. Tout le monde est à bout de nerfs et la pause herbeuse est cueillie grassement. Les résidents de ce bout de forêt nous considèrent avec beaucoup de méfiance, sortant du bois comme autant de démons. Ils comprennent rapidement, à la détresse qui se lit encore sur notre visage, que nous sommes inoffensifs et on fait rapidement connaissance. Photo souvenir, autographe, échange d'anecdotes, nous fondons rapidement un fan-club de *Belgian Caravan* dans le hameau.

L'après-midi, nous dévalons gentiment les courbes d'une route de plus en plus isolée qui alterne terre, gravier et asphalte. On distingue de modestes fermes familiales coincées entre des légumes et des carcasses de voitures. D'autres maisons sont dévorées par la forêt et à peine identifiables. Dans l'une d'entre elles, nous trouvons une étable convenable. Mal à l'aise d'entrer chez un inconnu sans frapper, nos baudets se chargent de détruire ce qui a l'audace de tenir encore debout. Rapidement, des enfants viennent aux nouvelles. Nous demandons à rencontrer leurs parents afin de désamorcer une éventuelle crise. Peu troublés par notre présence, ils nous indiquent que ce sont des constructions abandonnées par les Serbes il y a vingt ans. Il y a eu ici, au minimum, un déplacement de population et, au pire, des affrontements violents.

La beauté tranquille de Turcevic Polje et l'amitié simple et sincère de ses habitants nous poussent à poser le matériel pour deux nuits. Les terres verdoyantes sont magnifiques et idéales pour les végétariennes qui n'en croient pas leurs mirettes. Nous profitons de cette jolie configuration pour partir en randonnée en tant que cavaliers pour la première fois. Improvisation absolue évidemment car, si nous commençons à comprendre la science du harnachement, les selles demeurent un mystère complet. Nous n'en avons qu'une, celle de pacotille en simili cuir vendue par Jakcha. En termes de mors, nous ne sommes pas beaucoup mieux fournis : nous avons deux anneaux reliant deux barrettes articulées, que nous attachons au licol avec de petits mousquetons. Le montage est rudimentaire, mais Marko trouvait ça assez bien pour nous. Et tant pis si les rênes en cordes trahissent notre amateurisme. Nous faisons quelques kilomètres équipés de la sorte à la recherche d'une rivière fournie de salmonidés et à la découverte de ce paysage de collines. D'eau, on n'en verra goutte ; je me suis encore une fois fourvoyé dans mes pronostics de sourcier. Un ado s'est déclaré notre palefrenier : il nous suit comme de la piétaille de guerre. Nous le faisons monter à la fin, inversant les rôles, et c'est Noël en avril dans la campagne croate.

De retour, j'insiste pour faire un tour dans un chemin prometteur. Arrivés au bout de celui-ci, nous sommes sur le point de nous engager dans un champ cultivé, mais celui-ci est protégé par un fil électrique anti-sanglier. Nous longeons la clôture sur une étroite bande de terre qui ne mène nulle part. Après cinq mètres, il est évident que nous sommes très mal embarqués. Lassées par nos lubies, les chevaux tournent les talons sans que la décharge funeste ne nous cingle. Quand nous paraissons sortis d'affaire et que Damien est déjà quelques mètres en contrebas, je sens Lili se raidir et s'élancer au galop. Je fais une prière crispée à Saint-Éloi pour rester en selle et ne pas percuter Linda et son cavalier de plein fouet. Après les avoir effleurés, je desselle avec la certitude d'être un cavalier inexpérimenté, mais chanceux. Teuch, qui a rempli son rôle en nous attendant sagement à la roulotte, nous réserve d'attendrissantes retrouvailles. Nous le fourrons dans une mangeoire-musette et il nous accompagne saluer les voisins avant notre départ. Andrej tire un peu de lait de sa vache pour le chien en se désolant des normes européennes qui détruisent son métier. Ivana et Javor nous regardent affectueusement pendant que nous dévorons leur repas.

Quelques kilomètres après la sortie du village, nous tombons nez à nez avec une église délabrée. Damien tire le frein à main. Il se gare sur le bas-côté, en face de bicoques désertes et nous nous dirigeons vers le porche. Cet édifice orthodoxe est saccagé et tagué. Les habitants serbes ne sont jamais revenus et les nouveaux maîtres du pays ont laissé tout ce bel ensemble civil et religieux à l'abandon. Quelques « *Zivila Hrvatska*[6] » et « Ante Pavelic » donnent le ton. Ce dernier, ancien avocat de Zagreb, s'est peu à peu radicalisé, flairant le sens nauséabond de l'histoire, au point de fonder un mouvement de résistance à l'État yougoslave, les oustachis. Les nazis leur ont offert un État national indépendant pendant la Seconde Guerre mondiale. La difficulté aujourd'hui réside à déceler l'ambivalence de cette situation. D'un côté, la Croatie était indépendante,

6. « Longue vie à la Croatie », chant patriotique croate.

volonté populaire de l'époque. D'autre part, elle était fasciste. Quand le conflit entre Serbes et Croates a refait surface au début des années 1990, il fut aisé pour certains de faire fi du passé fasciste pour se concentrer sur leur but d'alors : obtenir – à nouveau – un État croate indépendant. Il y a donc plus de 25 ans que les seuls occupants de cette belle église de campagne sont les hiboux du grenier. Tout le reste a été pillé et saccagé. Ce lieu en est d'autant plus impressionnant et nous y passons un long moment. Nous remontons en charrette, toujours un peu secoués après de telles découvertes.

Les kilomètres suivants nous paraissent terriblement maussades. Ce ne sont pas seulement quelques résidences que les habitants ont fuies, mais des villages entiers dont les chaumières font des apparitions fugaces entre les murs de végétation. Nous ne voyons pas âme qui vive. Au bout de ce vide, nous descendons l'asphalte vers Milanovac. La morosité du matin est remplacée par un paysage de pommiers en fleurs. Les coteaux d'arbres fruitiers et de vignes redonnent des couleurs à la campagne. Comme souvent dans cette région et ce voyage, la sinistrose côtoie pendant quelques kilomètres la beauté et la sérénité. Nous traversons cette zone en trois jours, dormant avec les fantômes. Nous en profitons pour emmener quelques menus outils qui seront toujours plus utiles avec nous qu'à rouiller avec le spectre de leur passé.

Au-delà des destructions physiques, c'est l'annihilation des âmes qui vous accable. Toutes les guerres sont civiles, car il s'agit toujours d'êtres humains lancés contre d'autres. Cette réflexion prend pour nous un tour personnel car nous nous considérons comme des voisins, *susjed*. Ces longues semaines dans les plaines slavoniennes nous ont immunisés contre la haine de l'autre. Cette pente glissante de la rivalité et de la détestation est trop incertaine et trop difficilement réversible. On sait souvent où la haine commence, mais rarement là où elle finit. Elle est trop tenace et trop diffuse, se transmet trop aisément de parents à enfants et cache trop fréquemment son nom. Unifier une nation profondément clivée n'est point chose aisée ni naturelle. Il y a au moins deux manières d'affronter ce type de passé : collectivement et lucidement ou en l'enfouissant sous gravats et décombres jusqu'à ce que la pression s'estompe ou que la soupape ne saute… C'est la solution choisie à l'époque par Josip *Tito* Broz.
Nous réalisons que le déroulé de cette séquence de l'Histoire était inéluctable compte tenu du dédain des grandes puissances pour cette région d'Europe. Une sinistre tragédie prenant pour toile de fond la fin de la Guerre froide et les machinations de puissances à l'audace renouvelée, décrispées par la dissolution du bloc

communiste. Comme nombre de guerres de la seconde partie du XXe siècle, la Yougoslavie est tout autant la conclusion d'un remue-ménage ethnique que le résultat d'un rapport de force mené sur des terres étrangères. Il est souvent plus élégant pour les stratèges de faire couler le sang ailleurs en le couvrant de justifications factices ou secondaires que de porter la guerre chez soi. Le combustible de haine y était présent en grande quantité, les pyromanes y ont mis le feu sans scrupule. En définitive, les responsabilités potentielles du conflit, lorsque vous en parcourez les décombres à pied, vous semblent bien secondaires.

La dernière frontière

(Damien)

Enfin a lieu l'épreuve politico-administrative de notre voyage, le Saint-Graal de plus d'un rêveur sur terre : pénétrer légalement dans l'espace Schengen. Nous quittons la Croatie avec un pincement au cœur. Nous avons été accueillis dignement par des gens dévoués à notre cause autant qu'à celle des chevaux.

Nous arrivons à Milanovac, un village à une journée de voyage de la frontière hongroise. C'est la fin temporaire des montagnes traîtresses pour les juments, enfin au moins au niveau des dénivelés. Nous nous installons en bordure du terrain de foot, lieu qui conjugue toutes les qualités d'un bivouac : de l'herbe à profusion, l'éventualité de tâter du cuir, la buvette où traîne un autre Rambo des Balkans. Celui-ci nous offre un livre sur les uniformes et blasons des différentes unités croates impliquées dans la guerre. Pas exactement notre passion, mais ça fait une belle archive pour la roulotte. Après les habituelles élucubrations sur les soldats serbes, nous retrouvons notre maison à tâtons.

Nous nous présentons de bonne heure à la frontière. Sortir d'un pays est plus facile que d'y entrer. Les douaniers nous sont sympathiques, notre convoi sort un peu de leur ordinaire. Ils auront quelque chose à raconter à leur femme en rentrant chez eux. Ils font le tour du propriétaire, plus par curiosité intellectuelle que par zèle professionnel. Les deux hommes y vont de leur conseil : tout déclarer de l'autre côté afin d'éviter les mauvaises surprises. Adieu, leur dit-on. Au revoir, nous répondent-ils.

Sur le pont au-dessus de la Drave, une pensée traverse mon esprit : on ne sait même pas dire bonjour en hongrois. Notre confiance en nous s'effiloche. En vue des agents, le mot nous revient. *Szia*, salut ! Glacials, les douaniers nous ordonnent de déclarer notre contrebande.
« On leur sort quoi comme camelote ? Les haches, les couteaux ?
— Ça va aller. Misons sur la stratégie du pire, va chercher la carabine Demo.
— Je suis déjà à l'intérieur ! »
Je ressors illico presto avec l'engin. N'étant pas chasseur, je ne connais pas les conventions du milieu : présenter l'arme le canon brisé et non pas fusil à l'épaule. Le sang du douanier ne fait qu'un tour. Plein d'effroi, il charge son pistolet. Le mien ne l'étant pas, je brise son canon et m'exclame « C'est un jouet ! Juste un jouet ! ». La tension retombe, mais la suspicion demeure.

Les deux Hongrois appellent alors leur chef à Budapest. Pendant que celui-ci leur envoie une vétérinaire à la rescousse, ils se livrent à une fouille exhaustive de notre roulotte. Nous alignons nos haches, machettes, scies et piques à brochettes sur le trottoir. Identifiés comme une menace, jamais nous ne pourrons entrer sur le territoire national avec notre ferblanterie. Nous attendons pendant des heures la vétérinaire, protégés de l'orage rugissant par l'aubette des douaniers. Au moment où je mets l'homme échec et mat, elle pointe le bout de son nez entre les gouttes. Avenante, elle inspecte les carnets de vaccination et se renseigne sur nos origines. J'appelle l'ambassadrice pour qu'elle fasse jouer les canaux diplomatiques. Geste futile, mais rassurant. La vétérinaire livre enfin son verdict : tout est en ordre. Miracle ! Merci au sauveur de Kraljeva Velika. Au moment où Clément s'apprête à sabrer le champagne, elle arrête son geste. Nous avons oublié un élément tout aussi important qu'il en est petit : Teuch. Elle souhaite inspecter les papiers du chien. Nous bafouillons une réponse confuse : il vient de naître, il n'a pas encore été déclaré, c'est un pauvre petit bâtard de rien du tout, on lui fera ses papiers demain à la première heure… Elle ne mord pas à l'hameçon. On se sent comme deux idiots. Après nos galères avec les équidés, on en oublie le canidé. On passe un pacte : si on revient avec un Töcz pucé et vacciné, ils nous laisseront passer. On est quitte pour aujourd'hui. Nous repartons avec le procès-verbal nous rejetant du territoire hongrois pour cause de menace grave et avérée. On comprend mieux pourquoi les Croates nous avaient dit au revoir. On leur dit à demain.

L'orage gronde et nous devons nous dépêcher de trouver un logis. Nous mettons la main avec aisance sur une fermette habitée par un couple de septuagénaires. Nous sommes à notre aise en Croatie, il est temps de changer d'air. Au petit matin, Teuch dans mon sac-à-dos, je pars à vélo pour Lukac. En fidèle spectateur de *Dobro Jutro*, le vétérinaire m'accueille comme son propre fils. J'installe les désinfectants et crèmes hydratantes qu'il nous donne dans le fond du sac, à côté du chien. Je repars en tracteur une heure plus tard, le précieux sésame en poche et le vélo en rade sur l'épaule.

De retour à la frontière, nous avons une boule dans l'estomac. Au lieu de nous débarrasser de tout matériel tranchant, nous avons préféré le cacher sous le plancher. Nous n'avons pas honoré notre part du marché, préférant jouer avec le feu. L'assermenté en treillis nous attend fermement campé dans ses bottes. Il inspecte notre chargement à la recherche de nos armes. La vétérinaire vérifie les documents. Les signatures semblent valides et le policier est lassé de jouer à cache-cache. Notre délivrance est proche. Le personnel de la frontière nous tend la paperasse et nous entrons dans l'espace Schengen, garantie quasi absolue de pouvoir mener le voyage aussi loin que les sabots nous portent. Une fois passés le portique, nous savourons notre imposture. Notre nationalité européenne joue cette fois encore le rôle de passe-partout. Nous déferlons sur la Hongrie comme les Avars, les Huns, les Magyars et les Turcs avant nous.

Sur l'autre rive de la Drave, nous attend la ville frontière de Barcs, 12 000 habitants. On y fait la fête aux travailleurs, comme partout ailleurs en ce premier mai. Nous arrivons trop tard pour assister aux défilés politico-militaires, pile à l'heure pour l'apéro. Nous rencontrons Peter et Katya entre deux étals de babioles. Ils travaillent pour une association interculturelle entre Magyars et Tziganes. Les Magyars étant les Hongrois de souche, alignant au minimum un ancêtre à la glorieuse bataille de Lechfeld en 955. Les Tziganes, des invités qui ont été forcés de s'installer peu avant la mort de Staline, probablement en guise de cadeau d'adieu de la part du petit père des peuples.

En une heure, ils nous dénichent un ranch confortable tenu par monsieur Hartmann. Les présentations faites et les juments choyées, Peter nous invite à venir découvrir son métier. Clément, Töcz et moi nous rendons vers le district roms de l'entité. Tous grillent des saucisses et boivent de la *palinka*. Cousine de la *rakija*, les Hongrois la prétendent meilleure, plus forte, plus subtile. Elle nous réchauffe cependant de la même façon. On parle le langage universel du cheval avec eux. Ce sont des maîtres en la matière et ils en profitent pour faire parader les leurs.

Comme Hartmann nous le fait remarquer, si nous avions commencé notre vagabondage en Hongrie, on aurait pu s'en sortir avec un attelage compétent pour la moitié du prix. Mais l'histoire n'aurait pas été la même. Il passe ensuite une heure à effectuer plusieurs réglages dans la traction et le harnachement. Les filles apprécient et nous tirons enfin bénéfice de leur pleine puissance. Monsieur Hartmann a indéniablement mérité son patronyme pour son intervention précieuse auprès de nous comme pour la splendeur de son manège. Cet homme sec et digne, visage anguleux et rides profondes, se meut avec une prestance distinctive. Inexpressif autant que charismatique, on se comprend sans parole, on lui obéit sans question. Dans son ranch, tout s'y trouve merveilleusement entretenu et les belles y sont majestueuses. Il exerce directement sur nous une autorité distante et bienveillante.

Il se concentre sur le raccourcissement des cordes de trait et les principes physiques sous-jacents. Les nœuds et les formules mathématiques ne sont pas notre fort. J'ai appris à les craindre comme je les respecte. Que cet amas de fer, de bois, de bibelots et de têtes de mule avance me paraît déjà tenir du miracle. Loin de moi l'idée de changer quoi que ce soit de peur de briser le charme. Pourtant, ce qui convient parfois aux humains aveugles ne sied pas au cheval omniscient. Ignorant de ces préceptes, nous utilisons depuis des semaines les traits à leur pleine longueur. Je me pose enfin la bonne question : si je devais tracter une charrette avec des fers à repasser aux pieds sur du carrelage, est-ce que je préférerais tirer sur la corde au plus près ou au plus loin de l'objet ? Impossible de citer le Grec qui se cache derrière le point de théorie, mais voici l'idée. Il est naturellement plus facile de produire une force sur un objet en étant au plus proche, ne fût-ce que pour réduire l'élasticité de la corde. Monsieur Hartmann est la dernière pièce à l'optimisation de notre véhicule. Munis de sa bénédiction, nous atteignons un niveau de performance dont nous n'avons plus à rougir. Symbole fort au moment de notre départ, il nous adoube en nous remettant un fouet de cocher en carbone.

Sur la route de Pécs, nous attendent de rases campagnes, des routes rectilignes et des bases militaires désaffectées. En l'absence de cartes, nous nous trouvons fréquemment sur des voies interdites aux véhicules hippomobiles. La *rendörseg*, la police hongroise, s'en émeut et vient prendre de nos nouvelles. Ils semblent surtout à la recherche des Roms coupables par nature. Les deux agents nous laissent rapidement tranquilles en découvrant nos passeports belges.

Poursuivis par les nuages, la foudre et le tonnerre, nous passons d'un abri de fortune à l'autre. On protège les juments des averses sous une bâche trop petite, dans une école abandonnée, dans un sous-bois de châtaigniers ou sous un pont. L'orage gagne sur nous et nous arrivons désespérés à Darany. Un légionnaire nous y a renseigné un contact. Le gîte est modeste dans cette masure de campagne, mais nous sommes enfin au sec. Les bêtes ne sont pas en reste. L'étable est belle et le maître de la maison n'est pas né de la dernière pluie : c'est un valet d'écurie aguerri. Deux jours plus tard, nos guêtres sont sèches et on commence l'apprentissage du hongrois. Celui-ci se fait par des jeux de cartes et en regardant la télé dans le salon familial. La maîtresse de maison nous dégote une vieille grammaire hongroise éditée dans l'ex-République Démocratique Allemande. Cette proximité avec la famille est oppressante tant la météo exécrable empêche la moindre sortie. Töcz, apeuré par les éléments, rajoute son grain de sel en s'oubliant une dizaine de fois dans le salon de ces bonnes gens. Clément le punit durement pour un chiot en bas âge, mais il doit apprendre que déféquer chez nos hôtes est en dehors du contrat social du voyage.

Le soleil pointe enfin le bout de son nez et nous harnachons. Pour cette manœuvre, chacun se saisit de sa bourrique et la positionne de son côté. Nous attachons ensuite le trait proche du timon en passant derrière la bête et en jetant un regard anxieux à l'énorme popotin d'où peut venir plusieurs dangers. Enfin, le trait extérieur est fixé au palonnier le tout dans une litanie croato-équestre lénifiante. Nous remercions nos hôtes de notre plus bel hongrois et crions *ajde*.

Nous arrivons enfin en vue de l'antique cité de Pécs. Une fois sur ses larges boulevards périphériques, je prends un malin plaisir à inciter Linda à se mettre au galop. Le processus habituel se met en place, elle s'excite et s'élance follement tandis que Lili la suit de mauvaise grâce. Nous nous retrouvons au milieu de la circulation dense. Je fais claquer le fouet haut et fort au-dessus de leurs oreilles afin qu'on ne dénote pas parmi les automobilistes. Nous nous intégrons presque parfaitement dans le trafic. On nous jette des regards ahuris et effrayés. Clément leur répond à coup de clins d'œil malicieux et narquois. La charrette grince et couine de toute part. Les fenêtres mal fermées claquent au vent et le sac d'avoine s'est renversé sur le plancher. Clément doit s'accrocher pour ne pas tomber. Töcz est sagement enfermé à l'intérieur, tant pis si on doit laver la carpette après, il vaut mieux ça que de nettoyer la chaussée. On marque l'arrêt au feu rouge, bien placé pour prendre les moteurs à explosion de vitesse. Clac ! Les juments se comportent comme si on avait subitement retiré leurs bouchons d'oreille à la fin d'une course, vieille ruse de jockey. Elles dévalent l'asphalte comme les chevaux de l'apocalypse et l'arrogance m'envahit : on a beau être des va-nu-pieds, on est quand même arrivés à quelque chose.

Pécs est la première grande ville que nous traversons. Si entrer dans une métropole nous fait plaisir, tout le monde ne l'entend pas de cette oreille. Plus de vertes étendues, seulement l'herbe des parcs, fini les chemins remplacés par des avenues larges et rapides. Enfin, adieu l'insouciance, voilà les imposants panneaux de propagande du parti d'extrême-droite Jobbik et de sa doctrine anti-roulotte. Le centre est coquet. L'ancienne mosquée du Pacha Qasim, transformée en église au cours de ce jeu de chaises musicales propre aux religions, toujours promptes à emprunter les unes aux autres, trône sur la place centrale de la ville. Un peu plus bas, une statue magistrale d'un cheval toise les bâtiments alentour et nous augure le meilleur.

Notre escale dans cette agglomération où se rassemblent 200 000 âmes prend la forme d'un parking gardé à l'intérieur de la ville. Ce n'est pas l'endroit le plus sûr dans lequel on se soit garé. Heureusement, personne ne s'intéresse à cette carcasse minable ainsi qu'à son contenu fruste et agricole. De toute façon, on aurait difficilement pu trouver meilleur emplacement. Sur ce terrain vague, on retrouve Tomas, un pote de Peter et notre contact sur place. Il nous surprend en arrivant avec une équipe de télévision locale pour faire un reportage.

C'est dans cette mentalité conquérante que nous relançons nos moitiés déjà fatiguées à travers les rues accidentées. Forts de notre expérience avec *Dobro Jutro*, nous sommes persuadés que cette opération de propagande nous ouvrira de nombreuses portes en Hongrie. Une cadreuse nous filme depuis le coffre d'une voiture. Clément conte notre histoire à Tomas pendant que je continue avec les rênes. Dans les embouteillages, il livre une interview évangélisatrice et relativement fidèle. Je ne prête qu'une oreille distraite à son récit, car je suis trop concentré sur le trafic, la gestion des juments dans les montées et les règles de circulation dans cette ville inconnue.

Le soir venu, nous retrouvons Peter pour enquiller une demi-douzaine de bières, *sör* en hongrois, dans un bar d'étudiants Erasmus. Ça nous change des troquets de chasseurs. On lui raconte nos premiers jours dans le pays et trinquons à notre belle rencontre. Au retour, nous constatons le magnifique désordre cataclysmique dont sont capables nos chéries. Elles ont transformé la cour d'immeuble qui les accueille en unité de méthanisation. Le lendemain, nous profitons de ce retour à la civilisation pour nous procurer des cartes valables. Accablés par les autoroutes et les chemins défoncés, les louvoiements et les égarements, on voudrait enfin savoir où on va. On nous renseigne l'Université de Pécs et son département de géographie. Nous errons dans les couloirs. Après plus d'une heure de recherches infructueuses, nous décidons de continuer à voyager comme avant, avec des 200 millièmes aussi ambiguës que partielles.

Nous quittons Pécs : des champs, des villages à moitié vides aux volets fermés et une route qui serpente entre les collines. Le soir, nous arrivons dans la localité d'Erzsébet où nous sommes rapidement pris sous l'aile du bourgmestre qui nous déroule le tapis rouge. Une habitation luxueuse est mise à notre disposition, ainsi qu'un foin de première qualité pour Lili et Linda, un repas pour les cochers et des explications sur le coin, mieux comprises après quelques coups de *palinka. Egészégedre*, santé ! Quelle langue unique…

Non pas que le croate, slovaque ou polonais soient un jeu d'enfant, loin de là, mais nom d'un Töcz, le magyar, c'est une autre paire de manches. Ses cousins les plus proches sont l'estonien et le finnois, pas plus familiers pour nous. Cet idiome est truffé de préfixes et de suffixes ; ce qui ne fixe jamais les mots et les rallonge à souhait. Comme elle comporte une multitude de cas et de déclinaisons, nous abandonnons l'idée d'écrire des poèmes aux charmantes Hongroises. La marche est trop haute, le temps trop court. Nous nous limitons aux concepts de base du manuel est-allemand et à compter jusqu'à 10 en jouant au foot. Toutefois, quelques mots me sont restés gravés en mémoire tels que *rendörseg* (la police), *allotorvos* (le vétérinaire), *kutya* (le chien), *löw* (le cheval) et *sör* (la bière). La *palinka*, elle, se passe de toute traduction.

Suite à quelques différences de vue eugénistes avec le bourgmestre, nous prenons congé. Nous nous réconfortons avec les poneys qui ne penseraient à dire du mal de personne, pas même d'un âne. Nous bouchonnons nos collaboratrices et passons un moment très intense avec elles. Nous ressentons pour la première fois ce sentiment inexprimable d'appartenir à une horde commune, comme si les semaines avaient lentement amoindri notre frontière génétique. On passe de longues minutes à leur gratter vigoureusement l'échine, traitement qu'elles semblent enfin apprécier à sa juste valeur, la tête posée sur l'encolure. Attentifs à un possible retournement d'ambiance, on n'abuse pas de notre avantage et on recule prudemment aux premiers signes de lassitude.

Le matin, nous arrachons la roulotte d'un mauvais pas. La maison du bourgmestre est en contrebas de son allée qui est pentue et avec peu d'espace pour lancer le véhicule. Le béton bien lisse n'aide pas davantage. Le fouet claque, les fers dérapent sur le sol, les traits se tendent brutalement. Arrivés en haut, nous sommes de plus en plus persuadés de pouvoir passer partout. L'attelage a gagné en muscle et en assurance, ce que ses maîtres ont gagné en gras et en débrouillardise. À Icare aussi, la confiance est montée bien vite.

Nous passons par l'école primaire pour une présentation du moteur aux enfants. L'émerveillement est manifeste chez ces rejetons de paysans. Nous en sommes légèrement attendris. Les canassons restent indifférents. Pour les locaux, nous faisons revivre un passé partiellement disparu. Nous voyons très peu d'animaux dans les pâturages. Il s'agit principalement de monoculture et les fermes que nous croisons ne débordent pas de vie. De gros entrepreneurs exploitent les terres progressivement agrégées sous une seule bannière. Preuve en est de leur décadence, nous ne recevrons jamais une saucisse ou une bouteille de ce genre d'exploitation. Dans l'une d'entre elles, nous devons même payer l'avoine des chevaux pour la première fois du voyage. Attitude que nous considérons comme scandaleuse. Plus rarement, sur des terres peu productives, une poignée d'irréductibles vivent encore modestement comme leurs ancêtres sans qu'un bureaucrate ne vienne expliquer qu'une modernisation de l'étable est nécessaire pour pouvoir commercialiser leurs produits.

Pour franchir le Danube, le premier pont depuis Pécs se trouve à Baja, à quelques journées au nord-est. Nous constatons que le pays est particulièrement plat et veiné de rivières massives. De plus, 50 ans de dictature communiste friande de grands travaux ont paré aux inondations en construisant de hautes digues de terre. Cerise sur le gâteau, ces ouvrages sont à chaque fois surmontés de macadam interdit aux voitures. Les Hongrois ont, sans le vouloir, construit de véritables autoroutes pour hippotractions. Ces voies rapides nous permettent d'atteindre des distances journalières respectables environnant les 40 kilomètres. Ces zones inondables sont peu propices à l'agriculture intensive et nous trouvons un environnement qui sied à merveille au voyage hippomobile. Prairies en fleurs à perte de vue, pas l'ombre d'un flic ou d'un camion pour nous frôler à toute vitesse, nous profitons de cette quiétude naturelle et printanière.

Après quelques errements, nous montons le camp sous le pont à l'entrée de Baja. Les chevaux, attachés à des arbres tant le sol est friable et empêche l'utilisation des fers à béton, sont mal installés. Nous n'avons presque plus de foin et l'herbe est rase et sèche. Ils sont anxieux de la proximité de la ville après une semaine dans la pampa. Il fait déjà nuit quand nous entendons des voix tonitruantes s'échapper d'une bicoque. Curieux d'un tel remue-ménage, nous allons sonner en prétextant avoir besoin d'eau. Notre hongrois approximatif nous fait directement asseoir et l'on nous sert à boire et à manger. Seul bémol, les différents convives semblent déjà singulièrement imbibés, ce qui rend la situation précaire. Pour ne rien arranger, nous sommes en présence de vrais beaufs, tant ils boivent, rotent, jettent des déchets par les fenêtres, crient et se donnent en spectacle. On a du mal à garder notre sérieux. L'alcool aidant, nous perdons également le sens de la modération dans cet intérieur où nous sommes de purs étrangers. Prenant conscience que nous rigolons plus d'eux qu'avec eux, ils nous sortent brusquement de leur véranda. Nous nous retrouvons penauds, mais repus sur le pas de la porte.

Nous localisons notre logis à l'aveugle. Après ne pas avoir manqué de vérifier que tout était en ordre, nous nous réfugions dans un sommeil indifférent aux bruits de la dalle métallique de l'autoroute, 30 mètres au-dessus de notre tête.

Au réveil, Linda n'est pas là. Après quelques minutes, nous la repérons en train de brouter paisiblement entre des emballages plastiques. Elle se laisse approcher, mais dès les premiers pas, c'est manifeste, elle boite légèrement. Décidément, cette empotée est douée pour se faire mal. Je lui ausculte le boulet et remarque une méchante plaie tout le long du creux du paturon, un petit espace équivalent à celui compris entre notre malléole et le pied. Elle s'est manifestement enroulé la corde autour de la jambe et s'est violemment débattue pour se libérer. La blessure est superficielle, c'est davantage une grosse brûlure qu'une vraie plaie béante. Cela va quand même nécessiter plusieurs jours pour se remettre. Je prends peur plus que de raison pour un léger bobo. On se résout à trouver un ranch où se reposer le temps du weekend.

Heureusement, nous sommes à l'entrée d'une ville et nous tombons sur une famille qui nous met en lien avec un éleveur de chevaux. Le vétérinaire local lui dispense gratuitement ses baumes et potions. Nous braquons le contenu de sa pharmacie en bleu de méthylène et allons découvrir la ville et la gastronomie locale, notamment le *halászlé*, une soupe de poisson constituée de différentes espèces du Danube (brochet, carpe, sandre…) fortement relevée au paprika et piment. La laitance des poissons est considérée comme la pièce la plus fine du plat. Clément y fait honneur comme si sa vie en dépendait.

Linda rétablie, nous reprenons la route 51 vers le nord-est et, subitement, nous pénétrons dans un paysage de vignobles tout à fait prometteurs. Nous sommes intrigués par ce qui ressemble à d'énormes ventilateurs montés sur des tracteurs. Ce sont des pulvérisateurs de pesticides qui nous arrosent de leurs nuages toxiques. Les hangars tapageurs témoignent d'une région viticole industrielle. N'y tenant plus, nous pénétrons dans la bourgade de Hajos où un quartier est dédié à la vente de détail et à la dégustation. Des caves à vin baroques s'alignent par dizaines dans des rues bien tenues.

Nous surprenons deux viticulteurs sortant d'une visite avec une ribambelle d'Asiatiques. Le curieux du véhicule et des cochers les encourage à rouvrir la cave alors que le jour descend déjà. Ils sont gentils car nous devons paraître des acheteurs bien peu alléchants. On fait mine de déguster leur vin que nos palais habitués à nourriture plus vile ont du mal à apprécier. Au bout de quelques verres, nous les remercions comme nous pouvons et remontons en carrosse. Ce sont maintenant les chevaux qui nous guident dans l'obscurité à peine transpercée par nos phares. Ils nous trouvent une bande d'herbe idéalement positionnée entre une rangée de peupliers et un canal. Après notre prière du soir, nous nous endormons cuits durs à défaut d'être convenablement repus.

À Kiskőrös, on trouve sans difficulté un ranch en bordure de ville. Nous nous y arrêtons et je vais héler le palefrenier. Quelques onomatopées de part et d'autre et il va chercher Adam, son patron. Ce dernier nous confirme que nous pouvons séjourner dans son manège. Comble du confort, une douche et une aire de pique-nique couverte sont à disposition. Après avoir réglé notre ordinaire équidé et canidé, nous nous attablons avec lui pour le traditionnel apéritif hongrois : croquer dans un oignon cru, faire passer le goût âcre avec un peu de *palinka*, mâchonner un lard pour oublier la brûlure instantanée, boire un coup d'eau-de-feu pour dissoudre le gras, croquer un cornichon pour se désaltérer et ainsi de suite. Adam dénote, il a de la conversation. Il nous pose des questions pertinentes et est professeur de violon à Budapest. Entre deux cornichons, Adam nous demande s'il y a beaucoup de Juifs en Belgique. On se regarde un peu interloqués. Je réponds qu'il y a une communauté implantée à Anvers, mais je serais bien incapable d'évaluer leur nombre. Sa réponse est déconcertante : « C'est qu'Hitler a mal fait son travail. » Comme il s'exprime dans un très bon anglais, il n'y a pas de place à l'interprétation. Une envie de vomir qui n'a rien à voir avec la *palinka* me prend le bide. Habilement, Clément se retire, prétextant une diarrhée fulgurante. Deux minutes plus tard, je remercie Adam pour l'hospitalité et tire également ma révérence.

Aujourd'hui encore, je ne sais guère qu'en penser. D'un côté, très aimable avec nous, nous couvrant de cadeaux en tout genre. D'un autre, cette remarque raciste énoncée si simplement, de manière si décontractée. On se sentait un peu comme si on avait mangé gratuitement sur le compte de la SS. Est-ce qu'on aurait dû partir, alors que la nuit allait tomber et qu'un déluge était annoncé pour les deux prochains jours ? En position de faiblesse, il est compliqué pour nous de trouver une autre chambre d'hôtel. Je n'essaye pas de me rassurer, mais le jeu en valait-il la chandelle ? Une personne terriblement affable en face de vous, mais horriblement intolérante en général est-elle une bonne personne ?

Nous apprenons avec soulagement le lendemain qu'il est parti pour Budapest. Notre groupe aussi se sépare pour quelques jours. Gabrielle vient me rejoindre une poignée de jours. Je continue avec elle. Clément va pêcher la truite en Roumanie avec l'assurance de nous rejoindre un peu plus loin. On poursuit notre progression vers le nord-est jusqu'au village d'Izsak. L'aisance dont elle fait preuve avec les herbivores m'est bien utile. Elle comprend vite les spécificités du voyage et n'a aucun mal à gérer Lili. Elle la trouve un peu grosse d'ailleurs. Le gîte que nous dénichons abonde de paille, de foin et d'avoine. Tout le monde est aux anges. L'homme qui nous reçoit n'est pas à proprement parler un éleveur. Il s'occupe de bestiaux, de moutons, de gallinacés à ne plus savoir les compter ainsi que d'une truie de quatre cents kilos qui balaie le sol avec ses mamelles distendues par ses nombreuses mises bas. Une arche de Noé hors de contrôle. Il n'a aucune idée claire de ce qu'il fait de toute cette ménagerie ni des soins à lui apporter. Peut-être étions-nous à notre insu, sur la même pente ? Ce soir-là, Lili me donne un bon coup de pied dans la cuisse, comme pour mieux m'enfoncer cette pensée dans le corps.

Une paire de kilomètres plus loin, nous avons le bonheur de rencontrer la famille Buzetzkys. Ces retraités possèdent une fermette à Fülöpháza. Ils nous invitent à boire du thé et prennent des nouvelles de nos chakras cuisinés à la sauce Yin et Yang. Je ne suis pas porté sur cette philosophie, mais je bois leurs paroles éloquentes. Ça change radicalement de la *palinka* frelatée et ça soulage. L'après-midi même, je raccompagne Gabrielle à la gare de Kecskemet, charmante ville moyenne dans laquelle les touristes ne s'attardent pourtant pas. J'essaye de retenir mes larmes, mais les barrages sur mes digues n'ont pas été construits avec l'efficacité des Soviétiques. Je suis soulagé de rentrer dans un environnement paisible et aimerais que Clément soit là, mais il n'arrivera que le lendemain.

Révélation(s)

(Clément)

Je rejoins le camp à Fülöpháza après avoir triangulé la position du convoi à l'aide du réseau *low tech* de cabines téléphoniques. Je suis ravi de trouver la compagnie entre de bonnes mains. C'est un véritable ranch de la concorde que Damien a dégoté. Le paysage est magnifique, les hôtes adorables et Töcz est exceptionnellement bien accueilli par les chiens de la propriété. Ça ne peut pas lui faire de mal de quitter les guenilles parentales.

Rapidement, les considérations plus terre-à-terre refont surface. Les chevaux ont besoin d'un rappel vaccinal. Nos hôtes nous renseignent directement un vétérinaire qui nous apparaît d'emblée très professionnel. Après les piqûres, il nous fait remarquer que Lili est vraiment très ballonnée. Certes, elle a un appétit d'ogre. Et à bien y penser, j'ai dû décaler plusieurs fois le cran de sa sangle ventrale. Selon lui, soit quelque chose ne va pas, soit elle a un polichinelle dans le tiroir. Miskoc, son ancien propriétaire, nous a pourtant garanti sa virginité. Pour être sûr de ce qu'il avance, le vétérinaire revient quelques heures plus tard avec un échographe.

L'*állatorvos* commence par une échographie classique. Le franc tombe, la glace se brise, toutes les expressions du monde ne suffiront pas à expliquer notre consternation : les images lui laissent effectivement penser que nous serons six pour la suite de l'aventure. Toutefois, sans que nous en comprenions la raison, il se met en devoir de réaliser une analyse supplémentaire beaucoup plus impliquante. L'homme sort des cordes de sa voiture. Lili sent qu'on en veut à sa vertu et se montre de plus en plus nerveuse. Il l'entrave de manière complexe pour éviter de se faire botter. Quelques minutes plus tard, il se tient jusqu'à l'épaule dans le fondement de notre pauvre jument qui se demande ce qu'elle a fait pour mériter pareil traitement. Si l'un de nous avait déjà pensé devenir vétérinaire pour grands animaux, l'envie vient de nous passer à jamais. Depuis cette position indélicate, le vétérinaire tâte notre futur. Il se retire catégorique : « Je vous rassure, il s'agit bien d'un poulain. » Il nous demande si d'aventure nous connaissons la date de la saillie. Nous lui répondons que le perfide Miskoc n'a pas jugé utile de nous dire la vérité sur son état. Jusqu'à ce jour nous vivions dans l'ignorance de cet heureux événement. Pour ce qu'il a pu en sentir, le poulinage aura lieu dans un mois, voire deux. Il ne peut pas se montrer plus précis et ça ne nous aide pas à planifier la suite.

Notre projet est chamboulé et nous nous renseignons sur les implications. Il nous apprend que Lili peut travailler jusqu'au dernier jour avant la délivrance. Nous devons simplement éviter l'excès dans l'effort. Quand les mamelles se gorgeront de lait, le terme sera proche et lorsque le lait arrivera, il sera imminent. Nous nous berçons naïvement de réponses rassurantes et sommes contents de pouvoir enfin lever l'incertitude sur cette grosse panse.

Pour chasser nos mines stupéfiées, notre famille d'accueil nous apprend qu'il y a des dunes de sable remarquables à proximité. On doute du potentiel de l'endroit, mais nous faisons le détour par politesse pour ces personnes affables. J'en suis bouche bée. En mettant des œillères, on pourrait se croire en plein cœur du Sahara ou sur la côte belge. En quelques centaines de mètres, nous sommes passés des vastes prairies à du sable fin à perte de vue. Bouquets de cheveux d'ange, sortes de stipes pennées, lézards et dunes ; ce lieu est comme une brève parenthèse sahélienne propice à la rêverie. L'air est vif et brillant, le sable, dans lequel mille oiseaux et insectes ont inscrit leurs pas, crisse sous les nôtres.

Nous quittons ce paradis à regret, mais le plus affecté est peut-être Töcz qui avait enfin trouvé des copains pour jouer. Capitalisant sur notre première expérience des digues fluviales, nous repérons la rivière Tisza qui coule à l'est de Kecskemét. Son cours est prometteur, et pas seulement d'un point de vue piscicole. Elle remonte vers le nord et reçoit plus loin la rivière Hernad qui mène directement vers la Slovaquie. Nous nous engageons cahin-caha sur des pistes de sable en mauvais état qui traversent un décor enchanteur sans l'ombre d'un véhicule ou même d'un autre être humain à l'horizon.

Le soir, en marge de la ville de Kecskemét, nous faisons arrêt dans une de ces plaines de jeu que nous affectionnons. Elle est parfaite, grillagée et surtout complètement en friche. Les animaux paissent librement. En quelques minutes, la zone est nettoyée. Pendant ce temps, je tourne dans le quartier pour annoncer la bonne parole et essayer d'acheter quelques patates. Les réactions sont froides, indifférentes ou même méfiantes. Certains me parlent au travers de leur porte ou de la cloison de leur jardin sans oser croiser mon regard.

Nous sommes réveillés à 5 heures du matin par la police. Tous gyrophares dehors et des hommes venus en nombre, la *rendörseg* nous contrôle. Ils sont forts déçus de constater notre nationalité européenne et notre peau pâlichonne. Ils nous signalent l'obligation de quitter les lieux. Nous plions le campement le plus tranquillement du monde. Dam les remercie de nous avoir réveillés de bonne heure, il échappe ainsi au mauvais rôle. Nous quittons les lieux sans demander de rémunération pour le nettoyage de la plaine.

Nous retrouvons une digue impeccable nous permettant d'atteindre notre rythme de croisière. Se faire violence et raccourcir les grasses matinées devient une obligation car les températures du début de l'été nous harassent dès midi. Le climat continental ne permet pas de progresser au-delà, par égard pour la santé des travailleuses.

L'air brûlant bourdonne à nos oreilles. Près des berges grasses et herbeuses de la Tisza, les taons font leur apparition. Bénins et épisodiques dans un premier temps, ils se transforment vite en nuée permanente de zeppelins suceurs de sang. Leur morsure et leur vilenie exaspèrent les chevaux qui ruent et font des écarts. Mettre une roue dans la fosse bordant le remblai au galop nous garantirait une belle dégringolade. Nous nous sentons impuissants face à ces horribles mouches. Nous essayons alors plusieurs méthodes. Les vampires craignant l'ail, c'est bien connu, nous frottons la croupe des juments avec des gousses. Mais, nous en avons été plus incommodés que les taons. Nous cédons alors à la violence en fixant une tapette à mouches au bout du fouet de monsieur Hartmann. Nous voilà équipés d'une perche de deux mètres nous permettant à la fois de flatter l'échine des copines et surtout de terrasser leurs abominables persécuteurs. C'est un jeu très distrayant qui soulage tout le monde.

Soudain, nous buttons sur une barrière fermée. Nous sommes bloqués au milieu de nulle part, sans personne à l'horizon et sans réelle autorisation d'être sur la digue. Nous envisageons toutes les possibilités. Au bout d'un court instant, je sors la hache et un fer à béton. À ce moment, le garde-barrière se pointe et nous passe un gros savon. Encore rouge de colère, il bascule la barrière et nous souhaite un bon voyage.

Il est midi dans le village d'Abonyi, pas âme qui vive, rues désertiques, tourbillon de poussière à l'horizon. Dans l'enclos d'un ranch, un poulain se démène pour atteindre les brins d'herbe inaccessibles. Damien s'en va fureter aux alentours pendant que je mène la roulotte au centre. On se retrouve chez le glacier, les conclusions sont irréfutables : c'est le ranch ou rien. Comme les canassons, on n'aime guère les reculades mais on y est bien contraints. *Samo Ravno* toujours vers l'avant. Nous entrons dans la cour et beuglons comme à notre habitude après le propriétaire des lieux. Événement inédit, arrive une jeune femme. Elle slalome avec grâce entre les carcasses de voitures et autres objets hétéroclites. D'un sourire en coin, Anita accepte que nous passions les chaleurs chez elle. Rouges comme du paprika, elle nous invite à prendre un rafraîchissement.

À l'intérieur, nous découvrons sa carrière de cochère étalée aux murs et sur les armoires. On s'assied devant nos grenadines. Le temps pour le glaçon de fondre et elle nous dégote un ranch pour la nuit. En partant, elle nous invite au *Palinka Festival* qui se déroule juste en face de celui-ci. Mine de rien, elle vient de nous désarçonner. Ce n'est qu'un léger détour, une journée de trajet à peine. Notre curiosité l'emporte sur notre célérité.

En début de soirée, nous sommes reçus par le gardien du ranch. Ses authentiques bergers allemands l'avaient déjà averti de notre arrivée. Achetés pour mille euros en Bavière, il tient à nous montrer leur certificat. Nous ne songeons même pas à lui présenter celui de Töcz. Nous sommes dans un paradis équestre : on pourrait manger sur le sol des écuries. Chaque fille possède son box et du foin, de la paille et de l'avoine à profusion. L'esprit tranquille, on se dirige vers le festival avec le chien. J'avais trop peur de le laisser toute la nuit à la merci des énormes bergers. Ne pas le perdre au milieu de cette foule est une autre angoisse.
Nous retrouvons Anita et ses amies. Notre avis sur leur tenue, opinion qu'elles nous exigent prestement, ne vaut pas grand-chose. Nous sommes bien vite assommés par l'affreuse musique, une variante de folk électronique qui nous suit depuis la Croatie. Les énormes tentes, la

musique tonitruante et les bars gargantuesques tranchent avec notre vie champêtre et recluse.
Nous qui misons toute notre réussite sur des relations éclairs, spontanées et bouillonnantes, sommes desservis par l'anonymat de ce grouillement. L'on nous prend au mieux pour deux ouvriers agricoles du coin, au pire pour deux gars à l'hygiène corporelle douteuse. Alors que nous sommes en fait une fracassante synthèse des deux. Même Töcz passe complètement inaperçu. On le lâche dans le public comme appât pour nous mettre en relation, mais rien n'y fait. On se ravise avant qu'il ne se fasse écraser. Une blonde dénudée chantant en *playback*, minuscule à cette distance, se dandine en compagnie d'une paire d'acolytes dans un ensemble vulgaire. Nous rassemblons ce qui nous reste de bon sens et ramenons hommes et chien au logis.

Je suis réveillé par le soleil frappant de tous ses rayons le toit noir du véhicule. Vingt minutes plus tard, l'air est irrespirable au-dedans et je cherche refuge à l'extérieur. Je retrouve Damien, chenille rentrée dans son cocon, qui m'a précédé dans la fraîcheur de l'aube. Contrairement à nous, nos dulcinées vivent une utopie concrète. L'étable est fraîche et nettoyée tous les jours et la nourriture continue de se produire magiquement. Nous admirons, envieux, l'abreuvoir sur demande qui équipe les boxes. Il n'a rien d'exceptionnel, il est juste d'une modernité déstabilisante pour nous qui suons pour acheminer les cent litres quotidiens. Collecter, stocker et distribuer l'eau est un de nos rares soucis. Profitant jusqu'à la dernière minute des bienfaits directs et indirects d'Anita, nous nous bourrons jusqu'à la gueule de foin et d'avoine. Nous mettons les voiles accompagnés d'un mal de tête gratuit. Abonyi n'augurait rien de bon, il méritait pourtant sa chance. Encore un lieu anonyme gravé à tout jamais dans nos mémoires.

Dans l'après-midi, nous découvrons un manège engageant. Nous avons besoin de nous reposer après cette halte fatigante. La tenancière est accueillante et bien que l'herbe soit rase, tout le monde est bien installé. Nous en faisons le tour pour découvrir le pedigree des animaux qui y sont installés. Nous découvrons avec terreur et dégoût un cheval abominablement blessé. Ce grand hongre a un arrachement épidermique de la surface d'un gros steak, comme si la viande du restaurant d'à côté avait été prélevée à même la bête. La blessure, à peine en première phase de cicatrisation, est couverte de bleu de méthylène. Quelle chose ou bête a pu produire un écorchement pareil ? La propriétaire nous explique qu'un autre cheval l'a mordu. « T'as vu Dam, c'était un simple avertissement chez Zlatko ». Trois conclusions me viennent à l'esprit après cette histoire. D'abord, on a encore de la marge en termes de blessure et de maltraitance. Ensuite, je suis reconnaissant envers nos compagnes de ne pas nous mordre. Enfin, les chevaux en Hongrie sont d'un gabarit et d'un tempérament uniques.

Héritiers des Huns et de plusieurs siècles d'Empire, la Hongrie est le pays dans lequel la culture hippique trouve son expression la plus raffinée. De nombreuses habitudes ou termes relatifs au monde du cheval se sont d'ailleurs diffusés dans l'ancienne aire de domination impériale. C'est ainsi que nous utilisons les termes hongrois *hod* et *bista* pour indiquer la droite et la gauche à nos montures. Cette terminologie, apprise en Croatie, est, selon Marko, issue de la culture équestre austro-hongroise. Ce vocabulaire ancien rappelle que les différentes contrées que nous avons parcourues au cours de ce voyage formaient un tout. Un seul et unique espace politique où Slaves et Magyars cohabitaient, bon gré mal gré. La situation géographique de la Hongrie complique encore la chose : les Magyars se voyant comme un îlot culturel unique perdu au sein d'un océan slave.

Avec une histoire si longue et une culture si riche, il est douloureux pour les Magyars de tourner la page et de regarder vers l'avenir. Sur les murs des maisons campagnardes, on aperçoit souvent des bas-reliefs représentant les frontières de la Grande Hongrie [sic], soit les frontières du pays avant les traités ayant mis fin à la Première Guerre mondiale. Dans les villes, les t-shirts portant le slogan révisionniste des fascistes de l'entre-deux-guerres *Nem Nem Soha*[1] se trouvent partout. La Hongrie fait encore figure de vilain petit poney dans le grand manège européen au niveau du droit de la presse, droit des minorités, droits de l'humain et de bien d'autres droits encore. Certains sont plus enclins à regarder vers un passé glorifié à outrance que vers un avenir fait de partage de valeurs et d'inclusion continentale.

On nous parle dans les cafés et les manèges, dans les bistrots et les ranchs, du démembrement de la Hongrie, des cinq millions de locuteurs magyars vivant hors de leurs frontières, de l'iniquité du sort qui leur fut réservé pour avoir osé se trouver du mauvais côté au moment de l'accouchement de la Grande Guerre. Percevant leur identité comme menacée, ils nous semblent éprouver un besoin pressant de la mettre en avant et tant pis, si ça se fait au détriment des autres.

1. Non Non Jamais

Concordance antagonique

(Damien)

Nous alternons entre les villages coquets et bien tenus peuplés de Magyars de souche et ceux des Roms, délabrés et prêts à être abandonnés du jour au lendemain. Dans ceux-ci, nous sommes rapidement accompagnés par une ribambelle d'enfants. Ce jour-là, nous nous arrêtons vers midi dans une jachère. Des voisins nous rejoignent et nous invitent à boire du café dans leur maison. La franchise et la trivialité des discussions sont récurrentes avec les Roms. La gentillesse et l'accueil le sont tout autant. Les enfants surtout sont partout curieux et rieurs. Malicieux aussi quand ils font mine de chaparder le moindre objet, conscients de la réputation qui leur est faite. Simulacre de rapine qui révèle surtout leur précarité. À notre compte, on déplore uniquement la perte d'une de nos paires de lunettes reçue gratuitement. Nous aimons mentionner ce petit vol comme élément anecdotique en comparaison du bouillonnement joyeux de ces villages dégradés. Nous les quittons avec un sentiment contrasté. L'effervescence qui règne et les codes que nous maîtrisons mal nous empêchent de profiter pleinement du moment. Suite au lavage de cerveau anti-Roms omniprésent depuis plusieurs semaines, nous restons sur nos gardes. Ne fût-ce que pour

surveiller les chevaux : les enfants sont désinhibés et n'en ont pas peur.
Nous constatons l'existence d'une citoyenneté à deux vitesses en Hongrie. Sur le terrain, nous observons que les Roms sont plus souvent victimes de nuisances que l'inverse. Ceci est probablement vrai depuis des centaines d'années. Or, depuis le début des années 2000, Budapest insiste : l'incompatibilité entre Roms et Hongrois est profonde et irréversible. L'affrontement entre sédentaires et nomades est une conflictualité présente depuis des millénaires. Le nomade, par son inconstance, son insaisissabilité, son opportunisme, insécurise le sédentaire. Lui, mise au contraire constamment sur le prévisible, le récurrent, le développement et l'entretien de son bien. Il ne peut comprendre et accepter la mentalité itinérante. Il arrive parfois qu'il le partage de bon cœur. Il garde néanmoins à l'esprit que cela se fait quelquefois à ses dépens, parfois à son profit. Se déplacer, rêver d'ailleurs, changer d'horizon sont le propre du vivant et plus encore le propre de l'humain. Partout, la puissance publique, ne pouvant faire face à des populations en mouvement, réprime les pratiques nomades et préfère les contrôler en un seul endroit. Les Roms n'ont cependant pas attendu Viktor Orban et ses sbires pour être voués aux gémonies. Ils ont été poussés vers le nomadisme par le racisme et la discrimination avant d'être condamnés à la sédentarité dans les années 1950. La chute du communisme quatre

décennies plus tard a encore aggravé leur situation, troublant leur condition et blessant leur culture. Quant à nous, nous sommes seulement deux apprentis nomades en vacances pour effleurer leurs difficultés séculaires.

Pouvoir partager leur quotidien serait une raison suffisante à ce voyage. Toutefois, pour l'heure, l'ambiance frénétique du village est trop sollicitante. On recherche un minimum de quiétude et non pas de jouer au loup avec des gosses toute la nuit. Pas facile de mettre la main sur un carré d'herbe paisible dans ces localités surpeuplées. Un peu plus loin, nous apercevons le terrain de foot. Oubliant les autres nécessités, nous mettons le point mort et allons explorer le lieu. Un bar, une sorte de friterie sans frite et une bonne vingtaine de futurs copains : il y a tout ce qu'il faut pour les humains. Pour les bestiaux, c'est moins clair. Seules quelques touffes d'herbe misérables poussent sur la terre durcie. Ce sera vache maigre pour ce soir, demain sera un autre jour. Pour notre part, nous allons manger une crêpe à la viande dans le snack et on passe le reste de la soirée à jouer au foot en buvant des bières sous le regard de Lili et Linda que nous désespérons.

Nous n'avons pas fait 500 mètres que nous sommes accostés par un badaud qui veut nous montrer le contenu de son écurie. Pratique sociale très sympathique, nous longeons les carcasses de voitures dans son jardin pour découvrir deux poulains maigrichons squattant une étable délabrée. Clément le félicite pour ses beaux canassons pendant que je m'occupe déjà de faire demi-tour. Avant de partir, il tente son va-tout et nous propose d'échanger ses bêtes contre les nôtres. Même si ses destriers battent sans doute les nôtres en ardeur et vitesse, ils tètent encore le sein de leur mère. Cette négociation ridicule se poursuit quelques minutes et nous déguerpissons. J'aperçois l'homme dans le rétroviseur qui nous accompagne sur quelques mètres. Quand bien même ça aurait été deux fers de lance des grandes chevauchées hunniques, on est désormais littéralement attachés à nos haquenées, qu'elles le veuillent ou non.

Nous nous garons pour faire les courses sur un terrain vague face à une supérette. Très vite, nous sommes entourés par une nuée de gamins qui touchent à tout, qui montent sur la roulotte, qui ouvrent nos bacs. Ils sont touchants et on rigole bien. À côté d'eux, les adultes font rugir les voitures pour impressionner Dieu sait qui. Pendant que je détache nos amies, Clem va chercher les longes pour les mettre au piquet. Il revient blanc comme neige. « Les cordes ont disparu ! » Les seuls objets réellement utiles dans tout ce fourbi. On nous a déjà pris une paire de lunettes, on aurait pu prendre nos habits, notre radio, nos néons du bas de caisse ou encore nos panneaux solaires, passe encore. Sans liens, impossible de mettre les juments au piquet, difficile de leur donner à manger sans les voir s'échapper. On n'a pas le choix, on doit les retrouver.

Nous fouillons tout et retournons nos mémoires. Avons-nous pu les oublier au précédent arrêt ? Ont-elles pu tomber ? Nous nous désolons pendant quelques minutes jusqu'à ce que le franc tombe. Le tire-laine de l'entrée du bled ! C'est vrai que l'homme n'inspirait pas forcément confiance et que ses agissements étaient louches. Il nous a suivis quand nous avons décampé. Bien sûr. Nous tranchons rapidement le dilemme au « pierre-papier-ciseaux » et je me lance dans une quête dangereuse : récupérer nos biens. Clem, lui, doit tenir la baraque dans ce rodéo loufoque et éviter que le reste de nos possessions ne soit dispersé. Se souhaitant mutuellement bonne chance, je reviens sur mes pas en rassemblant quelques mots en hongrois pour mener la négociation. « Salut, mes cordes, sept. Je sais ici. », ce qui donne peut-être « *Szia, kötelek hét. Tudom it.* » Rien ne se passe comme prévu, il n'est plus là. Son fils ouvre la porte au bout de quelques minutes passées à vociférer dans la cour. Il me fait comprendre que son paternel est absent, mais je n'en crois goutte. Je fais le pied de grue devant le domicile en beuglant jusqu'à ce qu'il sorte de son antre.
« *Szia, kötelek hét. Tudom it.* » Je lui gueule mon accusation avec l'aide de gestes et de jurons. Il nie en bloc. Je ne

partirai pas sans mes cordes et fais mine d'inspecter l'endroit et l'étable où demeurent ses vilains chevaux. Je me dirige vers l'appentis, le pas ferme, mais l'esprit hésitant. Cette crapule renonce alors et bougonne quelque chose en se dirigeant vers un autre bâtiment. Au bout de quelques secondes, une éternité, il me ramène une misérable corde sans crochet. Je répète sept, « *hét* », en faisant le chiffre avec mes doigts. Je mime aussi le mousqueton avec mon index. Il me ramène cinq autres cordes et quelques mousquetons. Ça fait assez de matériel pour continuer et puis dans une négociation il faut savoir céder un peu de terrain des deux côtés. Je le remercie cordialement pour ce service rendu et m'encours avec le butin. Je constate avec soulagement que tout le monde est sain et sauf. Clément me regarde comme un héros ramener ces précieux ustensiles et nous prenons le large sans demander notre reste avant d'être absorbés corps et biens par cette sulfureuse effervescence.

On se remet péniblement de nos émotions. Nous sommes vernis d'être entiers et d'avoir récupéré le matériel. Nous sommes toujours accueillis chaleureusement et avec intérêt mais parfois aussi dans l'incompréhension. Voyager d'une manière aussi précaire tout en étant nous-même très favorisés est un paradoxe qui nous saute fréquemment au visage. On batifole alors que ces campagnards luttent pour joindre les deux bouts. On s'incruste avec nos gros sabots là où parfois des individus rêvent toute une vie d'un ailleurs inaccessible. Privilégiés, nous baignons dans l'Europe de l'Ouest depuis notre tendre enfance. Les citadins mondialisés s'approprient aisément notre lubie, mais que partageons-nous avec ces laissés-pour-compte sinon notre condition temporaire et artificielle ? Pour eux, l'Union européenne est un fourre-tout indéfinissable, un logo sur l'école du village à laquelle ils n'accèdent pas. Par ce voyage au train de gastéropodes, nous faisons irruption dans le quotidien de personnes à la réalité incompréhensible pour nous.

Malgré toutes ces limites bien réelles, nous sommes époustouflés par la prégnance des principes universels et intemporels de la convivialité et de l'hospitalité. Chez les Roms toujours et chez les Magyars parfois, on trouve un café, une assiette de goulash et un lieu au sec. Il existe dans cet art de vie ancestral des valeurs et des connaissances précieuses dont on se demande si elles auront un avenir.

Qui vole un œuf…

(Clément)

Töcz perd de sa mignonnerie juvénile, il devient aussi plus facile à transporter. Durant les premières semaines, il quittait peu sa boîte à chaussures aménagée. Progressivement, nous le mettons sur les genoux du passager d'où il jouit de beaucoup d'attention et de cajoleries. Ces nouvelles libertés l'exposent également à plus de risques ; ce qui est le sens naturel de la vie. De manière générale, ce voyage s'accompagne d'un risque mesuré pour chacun de ses membres. Les chevaux peuvent être fauchés par un 30 tonnes à la faveur d'une manœuvre ratée quand les conducteurs peuvent succomber d'une *rakija* frelatée. Le chien aussi court un péril que sa jeunesse et son insouciance accentuent.

Nous quittons le village des gitans par une avenue fréquentée. Les poids lourds nous relèguent sur les marges. Je décide alors de ranger notre compagnon sous la banquette avec nos chaussures. À force de les fréquenter au plus près dès son sevrage, il a développé une idylle avec les baskets. Concentrés sur la circulation, une voiture klaxonne frénétiquement derrière nous. C'est un avertissement habituel à cause de notre lenteur. Je distingue une conductrice quinquagénaire qui s'agite dans le rétroviseur. Elle nous fait des appels de phares, une queue de poisson et sort de son véhicule. Nous ne comprenons pas le sens de ses gesticulations. Cependant, elle insiste et le mot *kutya kutya* nous parvient dans sa fustigation. En un instant, nous parcourons l'entièreté de notre vocabulaire hongrois. Je regarde Damien, il me regarde. « Ça veut dire quoi déjà ? » « *Kutya, kutya*… Chien ! » Je jette un coup d'œil derrière moi. Töcz est geignant sur son cul à quelques mètres des camions lancés à pleine vitesse. Je me précipite pour le cueillir. La conductrice me fusille du regard, mais constate à mon émotion que nous sommes certes négligents, mais néanmoins attachés à la petite créature. Il a chuté du parapet de notre plateforme en tombant lourdement sur le macadam. Il a frôlé la mort, les roues de notre propre véhicule étant passées à quelques centimètres de sa blanche patte. Un chien, on peut invoquer la malchance. Deux, ce ne peut être que de la négligence. Ayant appris la leçon, il ne tombera plus, tout en voyageant à l'avant.

On longe la Tisza du sud vers le nord-est. C'est une véritable balafre traversant la Hongrie de part en part. Nous suivons ses digues avec insouciance. Les espaces verts et l'herbe grasse ne manquent pas pour les unes ; les bières dans les campings touristiques fréquentés par des Allemands pour les autres. Tout le monde y trouve son compte. Damien me tire souvent du sommeil dès potron-minet. Pour peu que je négocie avec trop de véhémence, il démarre sans mon assentiment en faisant mine d'abandonner le nécessaire à café. Cette menace suffit généralement à me sortir du lit. On avance ainsi à l'abri des taons et des chaleurs. Nous ménageons beaucoup de temps l'après-midi pour lire, tirer des coups francs et, à l'occasion, fréquenter divers troquets. On adopte un style de vie circadien, tels les tournesols qui bordent nos journées. Le soir, personne ne vient nous chercher des noises si ce n'est la *rendörseg*. On les accueille maintenant en voisins en leur proposant de la *palinka*. Ils ne font que leur pénible métier après tout. Nous poursuivons nos recherches assidues de viande fraîche et d'autres mets de qualité, surtout quand ils sont locaux, de saison et gratuits. Des saucisses au paprika, de la goulash, des *langos*, des cakes au pavot, on reconstitue nos réserves de lipides. Un charmant chasseur bedonnant nous cède un gigot de chevreuil que nous grillons au feu et dont Töcz ronge les os pendant des heures. Cette région rurale, moins densément administrée, nous laisse un doux arrière-goût de vacances. On s'ingénie beaucoup à enlever les tiques des cous et des jambes de nos belles tout en nous comportant nous-mêmes en parasites.

Nous faisons une pause. Les juments sont attachées court à de gros peupliers en bord de nationale et notre cul est à moitié sur la chaussée. Une voiture s'arrête alors, les passagers agitent leurs bras, ils nous invitent chez eux. L'endroit offert est accueillant et bien aménagé. Nous affectionnons ce doux parfum d'insouciance. On bavarde de politique, de nourriture, de météo et à propos du sens de la vie en général avec nos hôtes. Trentenaires, néo-ruraux idéalistes, notre histoire sied bien à leur imaginaire d'oisifs désœuvrés. Au détour d'une phrase inattendue, on comprend qu'ils ne désapprouvent pas l'idéologie xénophobe et l'action radicale du duo au pouvoir Jobbik/Fidesz. La souveraineté, la fierté nationale et garder les gitans à distance motivent leurs positions. Dégoûtés, nous réalisons que même chez des jeunes vivants en dehors des sentiers battus, ce genre de poison trouve son chemin. On se rétracte comme un escargot dans sa coquille et traînons au loin.

La direction de la Slovaquie passe par Miskolc. Nous délaissons donc les rives de la Tisza. On dit la zone infestée de Roms : « Faites attention là-bas, ils vont vous voler ». Nous déambulons à travers la ville de Tiszaújváros à la recherche d'un bout de je-ne-sais-quoi où planter le camp. Dans le centre-ville, seuls des jardins publics inhospitaliers se présentent. Nous poussons plus avant jusque dans une banlieue cossue de construction récente, d'un style très classe moyenne états-unienne. Les villas s'alignent sagement dans les rues. Elles ne laissent aucun espace libre pour y garer un véhicule encombrant. Nous échouons dans un clos en bordure d'un terrain vague. Une herbe grasse n'attend que nous et nous sommes persuadés d'avoir trouvé l' Éden des gens du voyage. Les chevaux paissent dans cet océan vert. Ayant oublié les fers à béton quelque part au bord de la Tisza, la clôture des jardins nous sert d'amarrage. La nuit ne sera plus longue à tomber. À première vue, nous ne dérangeons personne. Nous allons toutefois faire le tour du quartier pour nous annoncer afin de désamorcer tout malentendu potentiel. Voilà pour la version officielle. En vérité, nous furetons de maison en maison à la recherche de copains pour boire l'apéro et manger un bout. Si on peut obtenir une caution morale dans la foulée, ce ne sera pas perdu.

Nous entendons du bruit à l'arrière d'un palace et sonnons. Une femme d'une trentaine d'années nous ouvre, une bière à la main. Elle cache mal son étonnement de voir deux péquenots plantés devant sa porte. Nous distinguons en arrière-plan une scène de barbecue et les sons d'une petite sauterie. Déjà nos estomacs sont à la fête et notre humeur joyeuse. Rapidement, on tire au clair notre aspect crasseux et notre odeur d'écurie. Un peu interloquée par l'étrangeté de notre histoire, elle appelle son mari à la rescousse. Nous répétons et la méfiance se dissipe. Le conte est trop incongru pour être inventé. On nous introduit dans le jardin et on nous donne à boire. La moitié la plus essentielle de la tâche est accomplie.

Très vite, ils veulent voir notre camelote. Nous passons par un portail qui donne directement sur le champ. Leur émerveillement atteint son zénith quand Töcz se révèle à eux. Nous leur faisons le tour du propriétaire, ce qui a l'avantage d'être rapide. Ils sont définitivement acquis à notre cause qui leur arrache quelques rires et plaisanteries. Selon eux, rester pour la nuit ne fera aucun problème. Maintenant, allons manger des côtelettes ! Faisant face au barbecue, je perçois des beuglements tonitruants. Ceux-ci ressemblent à s'y méprendre au bruit du goret égorgé en Croatie. Nous cherchons du regard dans la nuit tombante la source de tels cris. Figée au pied d'un cerisier, une matrone jette les bras en l'air tant et si bien que nous accourons auprès d'elle pensant qu'un malheur est arrivé. Nous comprenons que Lili est le cataclysme qui vient de s'abattre sur le nord-est de la Hongrie. Elle nous regarde avec un air indifférent, yeux mi-clos, lèvre pendante, une jambe en décontraction et une branche de cerisier au coin de la bouche, la fréquence hertzienne de la plaignante s'inscrivant en dehors de son spectre auditif. Nous nous confondons alors en plates excuses et nous empressons de mettre Lili au poteau afin d'arrêter ses méfaits. Pensant le mal réparé, nous imaginons pouvoir calmer rapidement le jeu et retourner se goinfrer près du barbecue. Pourtant, la matrone n'en braie que de plus belle. Les voisins aux ribs et aux bières interviennent pour dédramatiser la situation et se porter garants. Ils nous traduisent aussi ce qu'ils arrivent à comprendre des hurlements. « Au voleur ! » « À l'aide ! » « Allez-vous-en !» Ce n'est pas une base de travail convenable pour mener une négociation. Nous sommes heureux de voir arriver son fils, espérant trouver un terrain d'entente. La trentaine lui aussi, d'une prestance agréable, nous sommes persuadés que le raisonnable de la situation lui apparaîtra distinctement. Il parle anglais, ce qui nous permet de défendre notre cas. Il reprend les propos de sa mère en les rendant audibles à nos oreilles : « *You are a threat to my family and to my country.*[1] » Il est catégorique, il veut qu'on mette les voiles sur-le-champ. Nous argumentons qu'il ne s'agit que d'une nuit, que les dévoreuses resteront dorénavant à l'écart du précieux cerisier, etc. Rien n'y fait, ils appellent la police. Cette fois, le soutien de nos défenseurs nous sauve et même les flics comprennent qu'ils ont affaire à des tarés : nous deux autant que les propriétaires belliqueux. Affichant un faux air courroucé, ils nous signifient sèchement que nous devons déguerpir dès le lendemain matin. De même, il serait dans l'intérêt général de la population de cette paisible bourgade de nous délocaliser de quelques mètres.

Nous avons un peu gâché la fête des voisins, car cette affaire absurde les a occupés une bonne heure. Désireux d'arrêter les frais, nous renonçons à faire bonne chère.

1. « Vous êtes une menace pour ma famille et mon pays. »

Nous nous résignons à notre toit pour empêcher les chevaux de faire le mur. Ils nous amènent malgré tout un peu de barbaque et nous les remercions émus de leur soutien moral et culinaire. À l'issue de ce vaudeville, échaudés par ces tractations surréalistes et ces arguments risibles, nous rigolons. Nous roulons par terre que tant de bonté ait pu côtoyer tant de bêtise. Et nous rions encore, nous rions pour pardonner à nos détracteurs et célébrer le moment magique qu'ils nous procurent bien involontairement. Nous rions pour exorciser la peur d'être chassés et accablés injustement. Nous pleurons nerveusement aussi de cette farce qui, passagère et aberrante dans notre cas, peut être infligée légalement à d'autres. Après les larmes, crampes et cumulets, nous allons nous coucher tôt afin d'éviter une nouvelle scène le lendemain. Dans un voyage, il y a des moments amusants. Parmi ceux-ci, plusieurs se détachent nettement comme des tranches de rire mémorables. Enfin, dans ces pitreries itinérantes, celle-ci sort du lot.

Ragaillardis par les turpitudes de la veille, c'est d'humeur légère qu'on se lance vers Miskolc. La route du nord est en légère pente ascendante, assez commode. Elle se prête tant et si bien à la pratique hippomobile, que nous en profitons pour embarquer notre premier roulotte-stoppeur. Nous-mêmes, pratiquants assidus, il est normal que nous rendions la pareille à un coreligionnaire une fois munis de notre premier véhicule. Je m'en vais à l'arrière pour prendre la *palinka*, pendant que Laszlo prend place à côté de Damien. À coup d'onomatopées, on croit comprendre qu'il a mal quelque part du côté du poumon. Il préfère donc ne pas marcher. Autrement, on échange des noms de joueurs de foot, des sourires et des rasades et ça nous suffit.

On lui dit adieu peu avant Viszoly. Nous cherchons notre bonheur une vingtaine de minutes. Nous toquons à la porte d'un logis ancien dont l'herbe du jardin est mal tondue. Après les regards interrogatifs d'usage, on pénètre à l'intérieur de la bâtisse construite en bois et en chaux selon la recette traditionnelle de la région. La dame nous arrose d'explications sur le lieu. Il s'agit d'un centre de réhabilitation des us anciens. Je m'intéresse à une machine agricole dont l'objet m'échappe. Maria, notre hôte, m'apprend que je suis penché sur une reproduction exacte d'une des premières presses hongroises. C'est avec cet objet que les premières bibles en langue magyare ont été imprimées au XVe siècle. Damien est extatique devant l'un des exemplaires remarquablement conservé. Elle nous gratifie d'un exposé sur le protestantisme en Hongrie aux XVIe et XVIIe siècles. On a même le droit de faire notre propre reproduction de la première page d'une bible. Il nous faut une heure pour filtrer la cellulose, la débarrasser de son eau, faire sécher la page et imprimer les motifs. Aux anges, nous l'affichons en évidence sur le mur d'honneur.

Le lendemain, dans la ville frontalière de Gönc, nous avons convenu d'un rendez-vous avec deux potes, Pierre-Yves et Thomas. Nous nous posons dans un parc public. On va cueillir nos amis à dos de cheval pour leur en mettre plein la vue. Comme ils s'y connaissent encore moins que nous en équidés, peut-être notre incompétence ne leur sautera pas aux yeux. Impossible en revanche de rater l'inadéquation de l'anatomie de Damien avec celle de sa promise : il doit presque lever les pieds pour ne pas racler le sol.

Nous sommes maintenant quatre humains à vadrouiller vers la Slovaquie. Notre affaire prend un air de caravane de pèlerins. Deux dedans et deux dehors, car nous ne pouvons pas tenir à quatre à l'intérieur. Les chaleurs de juin rendent les pauses fréquentes et l'apéro précoce. On est vraiment épanoui d'avoir de nouveaux interlocuteurs à notre disposition. Sans en avoir complètement ras la casquette l'un de l'autre, ils apportent un peu d'air frais et de sang neuf.

Notre lenteur nous force à passer une dernière nuit en Hongrie. Arrivés à hauteur de Abaujvar[2], on hèle la première personne qui passe en voiture. Avec cinq mots de vocabulaire maîtrisés (Bonjour – Lieu – Nuit – Chevaux – Eau), on trouve des appartements royaux : un terrain vague surplombant une vallée. Situé en haut d'une crête qui a presque eu la peau des juments, ce fut la place forte d'Aba, roi des Magyars au XIe siècle. Un espace de pique-nique avec tables, bancs, toit et lumière, on ne peut pas rêver mieux. On passe un tellement bon moment que Linda, décidément bien habile à s'enfuir de son poteau, passe la tête dans le cabanon et nous regarde longuement jouer et boire. Brave bête, dire qu'elle aurait pu s'enfuir. Peut-être que le hongre géant de l'autre côté de la clôture l'a dissuadée d'aller trop loin.

2. « *Var* » château en hongrois, « *Ujvar* » le nouveau château, « Abaujvar » le nouveau château de Aba. Qui a dit que le hongrois était compliqué ?

L’hospitalité indienne

(Damien)

Le lendemain est douloureux. Accueillir dignement coûte de l’énergie. C’est un convoi fébrile et engourdi qui s’élance sur les derniers kilomètres de Hongrie. Un changement de climat et de terroir s’annonce. Partout la nature verdoie et la route poudroie. Nous quittons en fête l’agriculture intensive hongroise pour des paysages et biotopes diversifiés et vivants. Nous sommes à la recherche d’un lieu de bivouac cinq étoiles : eau, foin, abri en cas de tempête. Le tout à proximité de Košice où nous voulons aller faire un petit tour jusqu’au bout de la nuit. Juste derrière une cahute hors d’âge, de l’autre côté de la frontière, nous pénétrons dans le premier village slovaque : Skáros. De la musique classique est diffusée dans des haut-parleurs. Occasionnellement, des bourgmestres semblent favoriser cette politique publique. Sur un air triomphant de Beethoven, nous surprenons quatre ouvriers buvant une bière devant leur chantier. Je fais un créneau et Clément est fort à son aise de pouvoir réemployer son slave après un mois de dialogues inextricables. Très vite, Robert, le maître des lieux, se révèle être notre homme providentiel. Il rénove une maison en face de la demeure familiale. Une grande bâtisse chancelante, mais qui a de vieilles écuries dans sa partie basse. Nous avons vite une connivence avec ce gaillard, polyglotte et globe-trotter. Il nous donne un blanc-seing pour occuper les lieux plusieurs jours. On met alors en œuvre une tactique bien éprouvée : déployer notre fourbi avant que le propriétaire n'ait pu revenir sur sa parole. Les quatre coins du jardin sont occupés, les chevaux se chargeant de raser l'herbe du verger. Nous musardons au soleil en évitant les attaques d'abeilles peu hospitalières du voisin.

Notre séjour dans les environs de Košice rappelle des vacances entre potes tant les soucis quotidiens nous paraissent loin. Nous passons le week-end à faire des allers-retours entre Skáros la journée et Košice la nuit.

Après deux nuits passées dans les rues de la ville, le bus nous dépose sur le coup de 7 heures devant chez Robert. La fatigue s'accumule, les copains ont déjà repris le train. Nous n'aspirons qu'à nous jeter dans nos sacs de couchage après la visite de routine aux animaux. Robert ne l'entend pas de cette oreille. Il nous attend à la sortie du bus. Avec une sombre autorité, il assène que nous devons être partis dans l'heure. Jurons internes, surprise externe, complètement à sa merci, nous sommes trop faibles pour négocier. Clément et moi rentrons dans un conciliabule expéditif. Réflexion faite, ce n'est peut-être pas plus mal de se faire violence et de passer les heures chaudes à faire la sieste. On va chacun chercher notre promise.

Mon sang ne fait qu'un tour. Il n'aura fallu que deux mois de vie commune à ma chère Linda pour s'extirper de mes griffes. Je note mentalement : peut-être qu'il faudra que je révise la manière dont je fais mes nœuds. J'avise Clément de la situation. Il replace Lili et on se partage la zone à ratisser. Il se charge du bas, vers le champ, les marécages et la rivière. Je prends le haut, vers le village et les prés. Après une heure de stress et de plans tirés sur la comète, on se rejoint bredouille. Nous spéculons déjà sur l'achat d'un cheval à la prochaine ferme. Je jette un dernier coup d'œil dans l'étable, froide, humide, bétonnée, sans confort. Linda m'y attend. Hilare, je la salue en lui faisant une fête qu'elle ne comprend pas. Soulagés, nous harnachons tout ce beau monde. On se sépare chaleureusement avec Robert qui semble autant satisfait de nous avoir rencontrés que de nous voir partir. À 8 heures, j'enclenche le pilote automatique.

Entre Košice et Vranov-nad-Topl'ou, on traverse un village aussi divisé qu'en Hongrie. La première moitié, laissée à l'abandon, se décompose en parpaings apparents, en nids de poule et en chiens errants. La seconde, à l'autre bout de la rue principale, se terre derrière des palissades en béton. N'ayant pas suffisamment dormi pour encadrer une horde d'enfants roms, on se camoufle dans un champ entre sous-bois et rivière, baie vitrée au soleil et créatures à l'ombre.

Souquant ferme comme à notre habitude pour désamorcer d'éventuels problèmes de voisinage, on se manifeste à la ferme du coin. Le van garé dans la cour est floqué d'un site internet belge. Pas possible pour autant de communiquer avec le propriétaire. Il appelle sa fille à la rescousse. Étudiante à Gembloux, on est chez elle, elle est chez nous. Aussi interloqué qu'elle, je peine à lui raconter comment on se retrouve dans son salon. L'énigme de notre identité résolue, on repart avec notre lot de conserves et un coup de *palinka* qui me laisse songeur sur le toit.

Peu après notre remise en route, je nous engage sur un chemin de traverse parallèle à la chaussée. La route s'élève et me voilà en train de flatter l'encolure des bêtes pour atteindre le sommet. Quelques maisons, agrémentées de carcasses automobiles, bordent la route. Les enfants nous suivent et les parents sortent sur le pas de porte. Les quolibets fusent tant notre situation est mal engagée. La rampe défoncée monte en pente raide et est d'une telle étroitesse que le demi-tour semble périlleux. Mais la roulotte a plus d'un tour dans son sac. Quand les juments n'ont plus la force de nous tirer, je décide d'arrêter l'hémorragie. Freinant, j'envoie les courageuses bêtes dans le fossé. Fouler les orties dans le talus ne leur plait guère, mais déjà elles nous entraînent dans leur sillage. La caravane pivote d'un quart de tour. Elles peuvent maintenant se laisser descendre dans la pente. Les roues avant du véhicule ne font que frôler le bord alors qu'elles ravagent une haie d'aubépine. Elles font le boulot, glanant quelques regards de respect au passage. En mauvaise posture, la dextérité de la manœuvre n'échappe pas aux spectateurs. Sorti de ce mauvais pas, nous nous installons dans la nuit noire au milieu d'un verger. Rincés par cette journée éprouvante physiquement et émotionnellement, nous tombons raide morts après notre tranche de lard.

Nous basculons dans la vallée connexe pour infléchir notre itinéraire vers l'est. Cette nouvelle voie nous permettra de traverser la Slovaquie le long de la rivière Topla sur des chemins à faible dénivellation, peu fréquentés et esthétiques. Au sommet d'une côte, nous sommes pris d'une crise d'hippomorphisme en bordant des plantations de luzerne. Elles en raffolent, alors pourquoi ne pas en mettre dans notre salade ? On arrête tout le monde pour couper quelques brassées. Soudain, probablement frustrées d'avoir été mises de côté pour une pareille orgie, les brouteuses s'ébrouent, la roulotte coulissant derrière elles. Je me tourne vers Clément. Pas besoin d'ouvrir nos bouches pour que nos yeux se comprennent : « T'as mis le frein à main ? » « Je pensais que tu l'avais fait, c'est toujours le conducteur qui s'en charge. ». Un ou deux jurons lancés sur quelques enjambées suffiront à les rattraper avant qu'elles ne dégringolent toutes les trois dans la pente. Avec le système de traction qui est le nôtre, inutile d'imaginer les bêtes de somme arrêter notre hippopotame de fer, de bois, de nourriture et de matériel de pêche.

Un peu plus tard, nous nous arrêtons pour un rafraîchissement. Intrigués par des beuglements d'animaux, nous rentrons dans le bar-hangar où plusieurs hommes sont occupés à tondre des brebis. Nous scrutons longuement l'habileté des bergers à faire virevolter les ovins en les rasant prestement sous toutes les coutures. Ils partagent de bonne grâce quelques bières avec nous sans pour autant engager la conversation au-delà du nécessaire. Nous saisissons l'occasion pour leur demander de nous renseigner un maréchal-ferrant, car les fers sont usés jusqu'à la corde. Le cordonnier se présente dans l'après-midi. Nous prenons nos aises pendant que nos complications se résolvent d'elles-mêmes.

Même si les chevaux sont habitués à être manipulés, plusieurs facteurs viennent compliquer la tâche. D'abord les juments ne sont pas habituées à se faire bricoler par ce gars au tablier de cuir. Ensuite, il fait chaud en cet après-midi de juin. On les sent tendues. Plus embêtants encore, les insectes suceurs s'en mêlent. Ceci nous oblige à couvrir les filles de couvertures, aggravant le problème de la chaleur. On passe ensuite une heure et demie à empêcher Lili de botter et arracher la peau du dos du maréchal-ferrant pendant qu'il officie tant bien que mal suant sang et eau. L'odeur aigre de corne brûlée nous pique les naseaux. Linda, elle, affiche une placidité indifférente, la lèvre pendante étant sa marque de fabrique.

Les poids lourds nous frôlent de justesse jusqu'à la fin du jour. Nous nous arrêtons au premier bar ouvert dans la banlieue ouest de Sečovce, joignant l'utile à l'agréable En un rien de temps, un gentilhomme nous renseigne une famille qui pourrait nous recevoir. « Oui, c'est ça, juste après le garage, vous prenez à droite et vous allez tout le temps tout droit ». Ces échanges incertains se déroulant dans une langue indéchiffrable laissent toujours place à interprétation. Clément comprend souvent une chose et moi son contraire. On tranche alors au milieu. Nous n'avons de ce renseignement touffu compris qu'une chose : notre libération potentielle se trouvait au bout. Nous commençons à douter quand nous tombons nez à nez avec un garçonnet de treize ans, torse-nu et cheveux en bataille. On se comprend vite. Avec sa petite sœur, ils nous guident auprès de leurs parents à travers un vaste champ de blé. Leur maison circulaire en torchis se trouve au centre d'espaces en friches. Vaclav nous reçoit sur le pas de sa porte. Ils vivent à quatre avec sa femme Sofia, originaire de République tchèque. En sirotant une tisane, elle m'éclaire sur les différences linguistiques entre le tchèque et le slovaque. Vaclav a construit cette baraque de ses mains calleuses. Ces rêveurs ont longuement voyagé à travers le monde, s'occupant eux-mêmes de l'éducation durant le primaire de Jozef, l'aîné. Ils ont été forcés de devenir sédentaires une fois qu'il a eu l'âge de rentrer dans l'enseignement secondaire[1].

Après avoir couché les enfants, Vaclav nous emmène dans le tipi installé dans le fond de son jardin pour recevoir ses amis lors de messes païennes. On va peut-être rester deux nuits tout compte fait. Selon lui, il y a une tranquillité qui se dégage d'un tipi, notamment en raison de l'absence de coins et de recoins. Je ne peux percer tous ces mystères tant j'ai l'impression d'avoir été plongé dans un chaudron ardent. Le foyer brûlant au milieu du cercle rayonne et nous inonde de sa chaleur. Au dehors, c'est un air sensiblement plus froid qui s'insinue dans mes narines. J'inspire et expire profondément sur fond d'un ciel plus étoilé qu'à son habitude. L'harmonie m'apparaît subitement évidente dans le mouvement giratoire de la voûte céleste. Vaclav et Sofia font partie d'un réseau militant pour la protection et la valorisation de la culture des peuples premiers. C'est scellé dans l'ardeur du tipi : on restera deux nuits.

1. En Slovaquie, l'instruction en dehors de l'école n'est possible qu'avant le secondaire.

Intégrer ce réseau nous permet d'obtenir un point de chute dans la prochaine ville. Nous pouvons en toute quiétude flâner vers Vranov-Nad-Topl'ou. On se prélasse en toute décontraction pendant que nous sommes conduits en ligne droite vers le chef-lieu de la province. Après ces deux jours insolites, nous atterrissons en fin de journée dans une famille charmante. Nous sommes admiratifs devant l'effort des bêtes qui nous emmènent en haut de la forte côte. Sans encombre, nous parvenons au foyer d'Hanna, de son mari et de leurs quatre petits enfants.

J'exprime toute mon inquiétude auprès d'Hanna : la Belgique lance sa coupe du monde dans moins d'une heure, connaîtrait-elle un endroit où nous pourrions regarder le match ? « Vous voulez le regarder dans le salon ? » Avant qu'elle ne finisse sa phrase, je suis déjà à l'intérieur. Je n'en sors que quelques heures plus tard, pour partager mon bonheur avec tous les badauds. Si la roulotte peut rester devant la maison pendant le weekend, ce n'est pas le cas des filles. Un ranch accepte de les loger sur demande d'Hanna. Les fillettes passent tout leur temps libre dans notre roulotte à fouiller dans nos affaires. C'est un échange de bons procédés, car nous sommes nous-mêmes vautrés dans leur salon. Elles acceptent de nous conduire au haras pour profiter du contact des équidés. Touchés par leur intérêt, nous leur improvisons une leçon d'équitation jusqu'au centre de Vranov. Là, les institutrices de l'école primaire nous alpaguent pour que nous distrayions leurs élèves. Elles en profitent pour prendre quelques selfies.

Nos arrières assurés, nous recherchons un lieu pour une dizaine de jours afin de s'y sédentariser. Hanna nous a renseigné un autre militant susceptible de nous prêter main forte. Libérés de nos mammifères, nous montons dans un bus jusqu'au village d'Ol'ka. Stopa, notre chamane de contact, nous réceptionne chez lui. Cheveux longs et barbichette énigmatique, il est économe de ses paroles. Sans être certains qu'il nous attendait ni que ce soit vraiment lui que nous recherchons, il accepte que nous venions stationner chez lui. Il faudra en revanche mettre vigoureusement la main à la pâte pour fendre le bois pour l'hiver et nettoyer l'enclos. Ce que nous acceptons de bon cœur. Nous refluons vers Vranov pour jouir de ce samedi. On passe la soirée au café et la nuit en boite. On se réintègre tant bien que mal à la civilisation en regardant la coupe du monde à 3 heures du matin dans ce coin perdu de Slovaquie. Ça suffit amplement à notre bonheur mutuel.

La tête passée par la machine à laver, nous embrassons nos mécènes. Nous remontons en carrosse et nous nous dirigeons vers l'étape du soir, Jasenovce. Le matin, nous évitons une nouvelle catastrophe en dévalant une ravine abrupte et défoncée, perdus par des conseils approximatifs. Il fait torride, nous nous baignons et parvenons enfin à convaincre les récalcitrantes de nous rejoindre dans la rivière. Ce moment de communion est inédit et nous réchauffe le cœur. Nous couchons en bord de route. Pendant que Toč persécute une chèvre broutant en lisière de campement, on échange quelques passes et tirs afin de garder la forme. Le lendemain midi, on arrive chez Stopa, qui découvre notre chargement au milieu de son allée. À défaut de nous adopter franchement, il tombe sous le charme du chien, rapidement coopté. Nous partageons le repas de midi avec sa compagne et lui, un drôle de pain cuit à l'eau et qui se coupe au fil à beurre. Il sert à éponger du bouillon, une recette liée à la culture culinaire juive il paraît. C'est copieux et l'hospitalité est le meilleur des aliments. Il nous conduit ensuite chez Roman, son frère, lequel nous assomme à coup de vociférations et de productions locales.

Nous allons explorer les environs avant de nous séparer. Toč nous accompagne, mais bientôt il se perd en gémissements, car le terrain est trop accidenté pour ses coussinets. À cinq mois, il est temps qu'il apprenne à mordre sur sa chique, on le laisse couiner à l'arrière. Tiraillé par la tentation du demi-tour, il n'a d'autre choix que de nous suivre. Les alentours d'Ol'ka sont enchanteurs. Les massifs boisés sont peuplés de cervidés chassés par les loups lorsque l'hiver se fait rude. Nous errons émerveillés par les lumières du printemps qui dansent sur les feuillages tendres et promenons notre regard sur les beautés inattendues de la forêt. Ivres de toute cette exubérance végétale, nos pas nous déroutent et la promenade prend un tour de course d'orientation. Persuadés d'enfin avoir retrouvé le nord, nous débouchons sur un virage avec un air de déjà-vu. Ce potager, cette allée de graviers, nous sommes revenus par hasard à 100 mètres du camp de base, plus égarés que jamais. Nous nous amusons gaiement de notre bêtise et allons rendre visite aux juments. Stopa nous fait remarquer qu'elles sont consciencieusement en train de ravager le talus dans lequel on les a laissées. Il nous montre ensuite son atelier, dans lequel il confectionne des objets en cuir. Ceintures, selles et fouets dont il se sert pour écarter les sorcières lors des solstices. Sa démonstration dans son jardin faisant autorité, je renonce à lui jeter un sort. Il nous offre une ceinture, que je porte encore avec beaucoup d'émotion tous les jours.

Je prépare mon départ vers la Belgique et l'Ukraine pour quelques jours. Je suis sûr que Clément, Toč et les filles seront bien installés durant mon absence. Nous célébrons trouvailles et adieux dans une soirée tipi dont les Slovaques ont le secret. À coup d'alcool de baignoire, Roman et Stopa nous initient à des chants païens et au rite du calumet de la paix. Stopa se prend pour Sitting Bull et Roman pour Bison Ailé, le tout sous les yeux de leurs marmailles que toute cette débauche d'ésotérisme n'ébahit pas le moins du monde.

Amateurisme professionnel

(Clément)

Mon comparse est parti à l'aube. Je suis seul à Ol'ka pour une dizaine de jours. Devant moi, des tâches vivifiantes : fendre le bois pour que la famille passe l'hiver au chaud, faucher le périmètre de la prairie des canassons, nettoyer l'enclos des chèvres. Ces missions sont la perspective d'un travail harassant, mais authentique et plein de quiétude, finies les gesticulations quotidiennes pour sustenter et abreuver les chevaux et les hommes. Je commence le jour même par la moisson, dans une énorme surface d'herbe à disposition de nos deux favorites. Elles n'en croient pas leurs yeux de tant de trèfle et d'espace. Le travail à la faux est exténuant, mais ce geste ancestral m'emplit d'une satisfaction intime et spontanée. Le bruit du passage de la pierre à aiguiser sur la lame est en soi un moment de jouissance. J'emploie deux journées sous un ciel impressionniste à guillotiner chaque brin d'herbe menaçant d'atteindre le fil électrique. Bien qu'ayant tranché celui-ci une bonne dizaine de fois, je trouve mon coup de rein satisfaisant. Je boucle l'exercice sans me trancher les jarrets.

Mon séjour chez Stopa est rythmé par les trois repas quotidiens partagés avec la famille. Je décode que mon arrivée déstabilise leur routine. Sans que l'on me reproche de m'être imposé, ils s'étonnent de notre organisation du voyage. Comment avons-nous dû, en dernière minute, trouver un point de chute pour permettre cet arrêt forcé de quelques jours ? Comment puis-je, après deux jours, être sans le sou ? Katarina lit dans mon âme des inconséquences coupables. Elle me cuisine d'un ton sévère à propos de Lili gestante. Elle me jette alors un regard qui lui donne des airs d'ensorceleuse. Elle peut aussi se montrer amicale, mais elle m'angoisse un peu tout de même. Je trouve dans ma force de travail du réconfort et de la déculpabilisation. Il doit y avoir une part de vérité dans leur jugement, mais ces improvisations constantes font partie intégrante de notre *modus operandi*. C'est bien accueilli, mais aussi dans une tension latente que se passent ces quelques nuitées au village.

Les cérémonies chamaniques dans le tipi apaisent notre cohabitation. À la nuit tombée, frères et voisins s'y réunissent dans la convivialité. On chante, on danse, on joue de la musique tout en s'imbibant d'ésotérisme. C'est une hérésie sympathique et inoffensive que l'on professe à Ol'ka. Néo-ruraux venus de Košice, Stopa et Stano, son beau-frère, adulent la nature. Qui pourrait leur donner tort ?
« Au solstice d'été, une grande communauté se réunit au sommet de la colline. On y fête les esprits et les génies

de la forêt. On fait claquer les fouets que je fabrique au-dessus de nos têtes pour écarter sorcières et vilains esprits.
— Et les habitants, ils adhèrent à votre église schismatique, sylvestre et païenne ?
— On ne fréquente pas le village. On ne va jamais au café où tout le monde regarde le foot en s'endormant dans sa bière. On a quitté la ville pour vivre en communion avec la nature. Les esprits étaient divinités avant que le christianisme ne les recycle en des Jésus-Marie-Joseph. Ce sont eux qui ont perverti les croyances ancestrales.
— Passionnantes ces histoires de gnomes et de fées. Concernant ce café, on y montre la coupe du monde ?
— Vous ne comprenez rien, vous les jeunes urbains. Tais-toi et attrape plutôt cette pipe, ça te rendra peut-être moins obtus ! »

Stopa détricote ce que mes professeurs de religion ont, à grand-peine, essayé de me prêcher. Toč, âgé de cinq mois, profite du divorce de ses parents pour s'esquinter dans une crise d'adolescence. Tout en étant encore un incorrigible brailleur, il rentre dans une phase de maturation sexuelle qui permet tous les excès. Il mord tout le monde en permanence. Ce qui était encore récemment un gentil babillage de caniche devient un harcèlement douloureux de vilain cabot. Ce ne sont pas mes *njie grižu*[1], qui l'en dissuade. La pauvre bête est encore plus égarée que nous

1. Ne mords pas.

dans ce maelström linguistique. Je le retiens quand il s'en prend aux enfants depuis l'extérieur du tipi tel un loup menaçant le troupeau. Il a cruellement besoin d'un autre molosse à mordiller. Personne n'est en mesure de lui enseigner deux trois leçons utiles dans l'existence canine. Parmi celles-ci, connaître sa place et différencier jouer de mordre. En l'absence de domestication, le chiot s'acharne sur les humains. Nous n'avons ni l'organe, ni la patience, ni la méthode pour lui rendre utilement la monnaie de sa pièce. Cette perte de contrôle quasi-totale sur l'un des membres de notre cheptel ne manque pas d'énerver mes hôtes qui vivent, eux, en symbiose avec la faune et la flore.

Je descends souvent voir Janna, la sœur de Katarina et son mari Stano. Ils ont deux enfants adorables et bricolent des trucs artistiques. Stano me montre son jardin en permaculture. Je vois surtout des tas de paille là où il dit cultiver sur butte ou des sous-bois ordinaires là où il entretient des forêts-jardins. Il possède de nombreuses volailles qui crapahutent partout. Il joue de la guitare et aime parler espagnol. De son côté, Katarina jongle avec des trucs enflammés et est beaucoup plus détendue que sa sœur. J'apprécie leur compagnie désintéressée.

Le sol de la chèvrerie de Stopa est recouvert d'une cinquantaine de centimètres de crottes. Les chevrettes blanches comme la neige sont la pureté incarnée. Je m'attaque aux strates successives. Ma compagnie bêlante me donne du cœur à l'ouvrage et je fais valser à grandes pelletées tout le fumier du local. C'est une gratification d'être l'instrument de l'ordre là où nous semons plus couramment le désordre. Le soir, je suis vanné comme jamais et la blanquette de chevreaux réconforte tous mes maux. C'est à mon tour de m'absenter quelques jours. Je dois aller chercher Judith, ma copine, à l'ouest du pays pour une randonnée entre les Tatras et le *Slovenski Rai*. Les chevaux sont mis dans une prison de haute sécurité aménagée par mes soins et mes tâches domestiques sont effectuées. Je pars l'esprit tranquille.

À notre retour, rien ne s'est passé comme prévu. Suite à une intempérie estivale, les juments ont pris le large et ont ruiné le potager d'un villageois. Stopa les a retrouvées, errant entre les choux et les patates au petit matin. Naturellement, tout ça m'embête grandement, mais le mal est fait. Cerise sur le gâteau, Linda a perdu un fer en ruant dans la boue. Le maréchal viendra dès le lendemain.

Damien et Gab font un passage éclair. Ils ne saisissent pas suffisamment la situation dans laquelle je me débats. Au contraire, ils bénéficient d'une sorte d'état de grâce. N'ayant pas eu à se salir les mains dans cette séquence scabreuse, ils sont reçus chaudement. Je l'ai futilement mauvaise de cette injustice évidente, à mes yeux seulement. Ayant assumé l'intérim, j'ai catalysé les reproches en sus du travail. Tout compte fait, on ne va pas en faire un drame, tout le monde est entier, on est contents de se retrouver et on lève le camp le lendemain. Nous passons une soirée un peu marquée de ces derniers événements fâcheux, mais aussi complètement débridée et joyeuse. Enfin, vient le temps de notre séparation d'avec Stopa. Elle est chaleureuse et empreinte de solennité. Je reconnais sur leur visage la leçon diffuse qu'ils m'ont distillée. Je les remercie avec effusion, on rigole sur les moments partagés et on se quitte en bons termes.

Damien est en Ukraine et Judith est la deuxième roue du carrosse pour quelques jours. Nous reprenons avec ravissement la route ensemble. Elle s'embellit d'heure en heure entre Ol'ka et la frontière polonaise. Nous déambulons dans une zone particulièrement sauvage qui abrite des loups et des ours. Des églises d'un style nouveau font leur apparition. Aux formes bulbeuses, en bois sombre et d'un aspect moscovite, ce sont les lieux de culte des gréco-catholiques, aussi appelés les uniates. Il s'agit d'une obédience locale qui use des rites orthodoxes tout en reconnaissant l'autorité du Pape. Nous sommes pris au dépourvu par la diversité religieuse rencontrée.
Dans cette Europe centrale, l'importance donnée à l'appellation « catholique » varie peu. Pour les Croates, il s'agit de s'opposer à l'orthodoxie serbe. Pour les

Magyars, de réaffirmer l'identité chrétienne de ce peuple évangélisé il y a plus de mille ans. Pour les Polonais, leur attachement à la papauté est viscéral depuis Jean-Paul II et la dissidence vis-à-vis du régime communiste qu'il représentait. À cheval entre les mondes latins et orthodoxes, notre itinéraire parcourt des identités fébriles, encore avivées par la sécularisation forcée des régimes collectivistes. Croire c'est persister. Derrière cette croûte superficielle d'unicité catholique, des coutumes et des particularismes locaux demeurent. En Croatie, les mois de l'année ne sont pas communs avec les autres pays utilisant le calendrier grégorien (par exemple février se dit *february* en anglais, *februar* en bosniaque), mais font référence à la spiritualité animiste des Slaves de la région avant leur christianisation. Ainsi, avril, *travanj*, est le mois de « l'herbe qui pousse » et octobre, *listopad*, est « le mois des feuilles qui tombent ». En Hongrie et Slovaquie, les Roms possèdent eux aussi une religion qui leur est propre, syncrétisme chrétien amendé de croyances locales. Évidemment, comme partout ailleurs en pays chrétiens, les saints locaux ont les faveurs du peuple, à la manière des dieux adorés localement dans un schéma polythéiste. Saint-Étienne en Hongrie ou Saint-Stanislas en Pologne étant des exemples parmi d'autres. Les uniates connaissent leur lot de particularités. Ils ont leur mot à dire sur l'incarnation divine du Christ, mais nous n'entrerons pas dans ces détails. Ils sont surtout l'allégorie d'un pragmatisme religieux, propre aux peuplades coincées entre deux, voire trois terres d'empire. Ils bouffent à tous les râteliers tout en gardant leurs coutumes et traditions locales durant des siècles. Les communautés pratiquent ce funambulisme entre plusieurs mondes à la recherche d'un équilibre. Rien n'est immuable, les conversions et reconversions émergent souvent de phénomènes politiques et historiques erratiques. Néanmoins, ces églises en bois confirment que nous nous approchons à grands pas de la frontière polonaise. Je commence à comprendre l'attrait de Damien pour ces vieux sanctuaires, sans pour autant tomber dans la bigoterie.

Ju est plutôt novice concernant l'hippisme. J'attelle, manœuvre et conduis seul. J'en profite pour paraître sous mon meilleur jour, armé de compétences nouvelles et romanesques. Je dois aussi produire de la confiance et de la justesse pour deux. Toč poursuit dans son angoisse existentielle. Il mord de plus belle et est fébrile comme une chevrette. Enfin, les deux reines du voyage sont tourmentées. La grossesse de Lili pèse de plus en plus sur son humeur et les milliers de mouches et taons qui nous harcèlent n'arrangent rien. Je relâche en contrebas. Chacun mange, boit et se repose. Nous en profitons pour huiler consciencieusement les harnais qui souffrent des hectolitres de transpiration dégagés lors de ces mois d'été. Graisser le cuir, c'est le métier qui rentre. On mesure à l'usure les centaines de kilomètres accomplis, à sa solidité les milliers encore à parcourir. Prendre soin du matériel fait office de promesse d'un voyage intérieur.

Les mouches volent autour de nos oreilles et la chaleur de la plaine est étouffante. Seul le couvert des bois peut nous débarrasser des insectes et des rayons perçants. Le véhicule n'est pas idéalement arrêté. Les roues sont dans une légère ornière. Quand l'heure de repartir arrive, j'indique des lèvres le signal du départ. Elles s'élancent désynchronisées. Linda démarre et secoue son palonnier alors que Lili digère encore trèfles et consignes. Quand la mère porteuse s'ébranle enfin, Linda rebondit et se retrouve dans les starting-blocks. On vacille, les roues s'arrachent à l'herbe puis refluent. Une fois, deux fois, trois fois. Ça rue, ça aboie, je m'énerve. Dans un geste que je regrette encore, je donne un léger coup de fouet au chiot pour qu'il se taise. Des cyclistes s'arrêtent et proposent leur aide.
Tout le monde se calme et je prépare mieux l'essai suivant. Toč est attaché à quelques mètres pour éviter les coups. Un des cyclistes prend le licol de Lili. Dans un geste plus confiant, et en clarifiant l'intention d'une claque aux fesses de Linda, l'attelage s'ébranle. Nous nous dirigeons vers le bord du champ et la pente escarpée qui mène à la route. La voie est libre grâce au bon partage des tâches. Nous poussons un galop et quelques instants plus tard

nous sommes tirés d'affaire. Précipitation, chaleur et hésitation, un cocktail qui me mène souvent à l'échec.

Un interminable faux plat nous hisse dans un effort intense vers le passage frontière de Barvinek à 443 mètres d'altitude. Sommet modeste bien sûr, mais qui est notre point culminant. Cette artère entre les deux pays est large. Nous sommes dépassés par des poids lourds qui nous arrosent de fumée noire. C'est une course contre la montre, car en cette fin d'après-midi, un événement important a lieu à plusieurs milliers de kilomètres de là. La Belgique affronte les États-Unis en huitième de finale de la coupe du monde brésilienne.

Au dernier village slovaque, Vysny Komarnik, nous dévalons la ruelle qui borde la chaussée principale. La place est modeste, y trouverons-nous un café ? Nous mettons prestement la main sur un pâquis pour nos monstres. Ils broutent une herbe d'été revigorante. Une bande monte nous accueillir. Un père, son frère et ses deux fils. Une ou deux passes avec les enfants, deux trois bières avec les adultes, nous parlons de la pluie et du beau temps, de leur condition peu envieuse de Roms en Slovaquie. Le temps presse, nous emportons le chien et courons à grandes enjambées vers le troquet du coin. Nous y trouvons une faune habituelle d'imbibés et de voisins sympas avec qui nous rigolons grassement. Toč, pendant ce temps, court après sa queue en espérant peut-être l'attraper pour de bon. Ju, quant à elle, est en conversation soutenue avec le pilier de comptoir qui a de plus en plus de difficultés à décoller son menton de son torse. La Belgique gagne et nous trinquons encore et encore.

Un peu cuits, nous remontons à la roulotte. Je dois déplacer Linda et Lili sur un nouveau site de pacage pour la nuit. Je cherche la hache qui nous accompagne depuis la Belgique. Elle est notre objet le plus utile au quotidien, car elle sert à planter les piquets, couper du bois, ouvrir les bières et faire du lancer de hache. Celle-ci a disparu. Je retourne toute la baraque sans mettre la main dessus. Lentement, la vilaine tentation de la suspicion m'enserre. Insensiblement, mon esprit glisse vers nos collègues roms, nos seuls contacts ici. À côté des beaux sourires qu'ils nous ont adressés, ne cachent-ils pas de plus vils sentiments ? Pourraient-ils être les voleurs ? Les voilà qui remontent justement. Ils viennent nous saluer pour la nuit.
L'âme déchirée d'être privé de notre objet totem, j'alpague l'homme en lui demandant s'il a aperçu mon outil. Il me regarde interdit et répond par la négative d'un air enjoué. Je m'emporte et l'accuse d'être parti avec mon précieux. Il garde son attitude débonnaire et répond toujours en souriant qu'il n'a pas vu de hache. Je rentre vexé et j'aperçois sur mon toit, le manche qui dépasse. Je l'avais mal rangée après avoir aplani un clou. Je retourne

me confondre en excuses. Il me regarde avec un air indulgent. Il affiche l'attitude de quelqu'un qu'on a déjà suffisamment accusé à tort et à travers de larcins divers. Il ne m'en tient pas rigueur. Je lui en suis reconnaissant et nous papotons jusqu'à la nuit noire. Il nous souhaite bon voyage et prend congé.

Levés trop tard, la chaleur est déjà intense. Dans la montée, tout l'équipage, et encore plus les équidés, dégouline de sueur. Nous apercevons le poste-frontière au bout de la ligne droite à plusieurs centaines de mètres. Les juments, comme si elles sentaient l'écurie, tiennent bon. Les harnais leur font de longues traînées sombres sur le flanc et le dos. Les fers claquent contre le bitume et les muscles saillissent avec une puissance effrayante. Nous sommes descendus de carrosse pour mieux les accompagner et les ménager. La route s'aplatit et nous pouvons enfin nous engager dans une voie parallèle, à l'écart du trafic.
Nous faisons la fête aux braves et poussons des cris de joie et de soulagement. Elles sont fortement éprouvées. Nous ne nourrissons plus de grandes ambitions pour la journée. L'écume leur blanchit les lèvres et je lis l'accablement dans leurs yeux. Nous reprenons notre souffle et vérifions que nous avons nos papiers à portée de main. Les douaniers nous regardent mi-surpris mi-amusés. Ils nous font un signe amical.

Notre regard embrasse maintenant l'immensité de la plaine polonaise et de la *Mała Polska*, la Petite Pologne.

Le soleil est déjà bas à l'horizon alors que nous nous pressons vers la première ferme. La famille nous reçoit, amicale quoique se demandant quand même ce que fait cette roulotte sur leur terrain. Notre cas à peine expliqué et déjà tous s'activent pour notre confort. Les fils vident une partie de la grange pour nous y installer. Le grand-père nous raconte qu'il a eu jadis des bêtes dans cette ferme. Le vieux matériel agricole pend désormais aux murs, couvert de toiles d'araignée. La scène est magnifique, les silhouettes se dessinent dans un horizon empourpré, découpé sur un panorama de forêts et de collines. Soudain, dans la pénombre naissante, un cri déchirant s'élève au loin. Très vite, c'est un chœur de plaintes lugubres qui nous entoure. Le fils aîné de la famille vient nous souhaiter bonne nuit. Nous l'interrogeons sur ces braillements. Ce sont des chacals dorés, une espèce présente d'Asie du sud jusqu'en Europe centrale, qui hurlent dans la nuit. Il n'y a pas de raison de s'inquiéter. Ému, il nous raconte également que des loups ont mangé son chien cet hiver. Nous sommes moins sûrs de cette histoire de chacals. Allez, Toč, exceptionnellement, monte à bord pour la nuit.

Tout le monde est entier au réveil. Nous partons de bonne heure pour faire la jonction avec de nouveaux arrivants.

François et Suri nous rejoignent, guidés par Damien dans le dédale polonais. Notre rendez-vous est fixé à Lipowica.

Nous dénichons, à la lisière du hameau, une clairière à l'herbe drue et à l'ombre bienvenue. En cette période de canicule, les chevaux doivent refroidir avant d'étancher leur soif. Patienter est une torture nécessaire pour elles qui tueraient père et mère pour boire illico presto. Lorsque nous nous approchons de la rivière, elles nous arrachent le licol des mains et partent au galop dans l'eau fraîche. Elles se retournent dans le divin liquide et ingurgitent jusqu'à l'explosion. C'est leur deuxième bain du voyage, à peine moins que nous. Ce n'était pas une question de volonté, mais les bords du Danube et de la Tisza étaient d'énormes bourbiers pleins d'insectes suceurs. Elles voulaient un bain, d'accord, mais on n'était pas prêts à pénétrer dans le marécage jusqu'au cou pour aller les rechercher après. Elles ont un besoin cruel de ce rafraîchissement. Dans le Lonjsko Polje, Lili avait de l'eau à disposition et à profusion. En taule, Linda ne pouvait qu'en rêver. À nous maintenant de concrétiser ses fantasmes en l'arrosant dès que possible.

Nous orientons notre troupe d'auxiliaires vers le campement. Dans l'allégresse des retrouvailles, des embrassades et jurons sont proférés gaiement. Nous sommes maintenant au complet. Il fait chaud et nous sommes trop occupés à fêter notre réunion pour aller faire du cheval.

Mała Polska

(Damien)

Lili est enceinte jusqu'aux yeux et il ne fait pas l'ombre d'un doute que nos heures sont comptées. Deux itinéraires s'offrent à nous pour la suite : l'est menant au renommé parc du Białowieska, peuplé des derniers bisons d'Europe, ou l'ouest nous rapprochant de la République tchèque. Dans ce débat, aucune de ces deux solutions ne nous est accessible, car nous n'avons plus les moyens de nos ambitions. Alors nous choisissons d'aller nous égarer en Mała Polska, région anonyme et resplendissante du sud de la Pologne.

Je retrouve le troupeau en forme. Clément a dorloté tout le monde en mon absence : les bêtes sont superbes et les mines radieuses. Nous sommes désormais cinq à nous partager une paire de mètres carrés de promiscuité chaleureuse. J'éprouve de la fierté à montrer notre bordel à nos amis. Les demoiselles relèvent à peine le nez quand je leur flatte l'encolure. L'herbe, haute et verte, capte toute leur attention. Pas besoin de battre de la queue, un simple hennissement fait mon bonheur. Si ce sont des survivantes des boucheries croates, c'est surtout grâce à notre folie. Elles ne peuvent se préoccuper de ce qu'elles ne pourraient voir, ni se montrer reconnaissantes de ce qui ne s'est pas produit. Pour elle, nous sommes davantage des kidnappeurs que des bienfaiteurs. Dodz, lui, bat de la queue. Il tourne, crie, se jette par terre et se découvre. Il me fait la fête de cet air mi-joyeux mi-apeuré qu'il a dû apprendre quelque part.

La nuit nous tombe dessus comme nous fondons sur la première ferme. Le coup d'envoi de Brésil – Allemagne se donne incessamment. Le corpulent paysan qui nous ouvre s'interroge à peine en discernant notre crasseuse bande dans la pénombre. L'affaire est vite pliée, les juments à l'aise dans l'étable, les humains dans la maison et Dodz dans la roulotte. Le cerbère des lieux, Poutine, ne laisse pas, sans surprise, notre jeune ami prendre ses aises sur sa propriété. Il reste jouer aux poupées avec nos baskets. La ferme ressemble à toutes les autres : l'odeur musquée, l'aspect vétuste, les vieilleries près du poêle à bois et les images bigotes. Son hospitalité dépasse nos espérances. Il nous met à table sans attendre avec le lot de charcuterie, de graisse et de pain. Stupéfaction, aucun verre de vodka ne vient arroser ces lipides. Ceci n'empêche pas les discussions de comptoir.
« Tu as combien de cochons ?
— Deux, un dans l'étable, un ici, dit-il avec un geste du menton en direction de sa femme. »
Nous sommes choqués par cette plaisanterie de mauvais goût. Mon hôte est mon hôte et je ferme les yeux sur ses

outrances quand il nous montre la chambre où Franz, Suri et moi allons passer la nuit. Équipée d'une douche tiède et d'une télé vétuste, on se croirait à l'hôtel.

Après cette première nuit en dur depuis notre départ d'Ol'ka, nous sommes à nouveau frais comme la rosée. On exprime toute notre gratitude au couple, Poutine en profite pour martyriser Dodz de plus belle.

Nous serpentons dans un fond de vallée. Sans vraiment savoir si nous y arriverons, nous gardons un cap théorique en direction de Nowy Sącz. Les voitures qui nous dépassent sont invariablement intéressées par le charroi. Ses occupants lancent alors un geste ou un cri bienveillant. Un automobiliste se gare et nous invite à loger dans sa ferme à proximité. Située au sommet d'une côte étroite, l'effort est âpre et l'issue hypothétique. Nous prenons confiance en nous comme les travailleuses ont pris du muscle. Elles tirent, nous poussons et l'hospitalité polonaise nous donne des ailes. Aux trois-quarts, nous ne voulons pas provoquer un prématuré. Nous les mettons au piquet dans une immensité de graminées et gravissons le reste à pied. Sur les hauteurs, nous découvrons une belle masure de bois aux allures de résidence coloniale. Extérieur en fine boiserie, décoration raffinée, nous sommes reçus par une dame entre deux âges élégante et sympathique. Elle est mariée à notre informateur.

Pour nous occuper, on nous envoie saluer une Française, Hélène, qui habite la parcelle d'à côté. Elle nous explique son parcours de globe-trotteuse, comment faire du bon fromage, comment les paysans trompent l'Union européenne pour obtenir des subsides et les raisons qui l'ont conduite à se perdre dans la campagne polonaise. Une histoire d'amour, mêlant voyage initiatique en Inde et déconvenues diverses. Désormais avec son doux Hercule polonais, elle est au calme pour élever ses deux chérubins loin des contraintes administratives et légales de l'ouest du continent. Nous faisons le tour des bergeries avec leurs enfants, Lucas et Julie, qui nous font la démonstration de leur meilleur français. Ce bout de terrain est baigné d'une grande sérénité et paraît loin en retrait du bruit du monde. Le temps est comme suspendu pour cette famille dont les silences recèlent quelques mystères.

Nous rejoignons le pavillon visité plus tôt et dévorons un repas cuisiné spécialement pour nous. Notre club des cinq se confond avec des nuées de sauterelles engloutissant tout sur son passage. Nous poussons le vice jusqu'à manger des sorbets faits par leurs soins devant la seconde demi-finale. Nous buvons et rions fort dans la nuit jusqu'à ce qu'il soit plus que temps d'aller rejoindre nos lits de paille.

On se lève tard avec la tête dans un étau. Ce n'est pas grave, après tout, on n'atteindra pas plus la République tchèque que la Géorgie. Surtout pas avec le poulain qui se fait chaque jour plus pressant. François, durement atteint par les allergies, n'a pas fermé l'œil de la nuit. Il va la continuer à l'arrière pendant que j'enseigne à Suri l'antique métier d'aurige. « Regarde bien devant, comme à vélo, et quand tu vois un nid-de-poule pas trop profond, prends-le. Ça t'aidera à calculer la taille du véhicule et ça réveillera Franek qui dort à l'arrière. » Autour de nous croissent les panneaux nous alertant sur les ours, loups et autres bisons. Malheureusement, sentant trop fort et faisant trop de bruit, nous ne verrons aucun de ceux-là. On ne verra plus Ju non plus, qui repart vers la Belgique et nous laisse sagement entre garçons.

En sortant les bras pleins de bières et de lard d'un supermarché, Suri, mi-hilare mi-paniqué, n'a pas besoin de longues explications : Lili a eu sa montée de lait sur le parking. Le compte à rebours est lancé. Le poulinage peut se produire n'importe quand entre cette nuit et les 10 prochaines. Comme nous n'avons aucune idée de la date de conception, nous ne pouvons pas nous montrer plus précis. Nous nous emparons d'un lieu d'exception pour maîtriser cette situation. Un camp de jeunes catholiques se déroule dans le village de Kotan durant ce mois de juillet. Piotr, le responsable, est un vieux soldat qui perpétue les traits de la profession : rigide, loyal et imprévisible. Il nous accepte pour une durée indéterminée à la condition que nous n'amenions dans le camp ni alcool, ni herbe, ni fille. Nous en faisons serment et le brisons aussitôt. La caravane est encore pleine de *rakija* et nous ne pouvons certainement pas priver nos compagnes de leur plat de résistance.

Nous vivons une cohabitation paisible avec les catéchumènes. Nous sommes des résidents tranquilles. Nous veillons plus bravement que sagement nos belles la nuit et dormons le jour. Nos veillées se succèdent et se ressemblent. Nous bordons les chevaux affectueusement, nous jouons aux cartes sur des sacs d'avoine, nous faisons des pirouettes dans notre mansarde. Toutes les demi-heures, à tour de rôle, la peur au ventre, nous craignons de tomber sur une scène de guerre. Lili ne semble pas près d'accoucher, mais caporal Piotr va s'en charger.

Errances

(Clément)

Après le repas du soir, Piotr, inquiet, nous convoque. La situation lui semble hors de contrôle. Nous pourrions nous incruster à long terme si l'enfant venait au monde. Un séjour prolongé saperait la discipline dans son peloton. On s'en remettra. Il nous reste juste assez de temps pour retourner notre veste. Lili a en effet l'air fort peu pressée de pouliner par ici. Peut-être qu'elle attend la fin de la pleine lune ou que son box n'est pas assez aéré. Elle sait bien ce qu'elle fait après tout, bien mieux que nous.

On nous indique la porte de sortie, comme souvent lors de nos implantations. Rien de contre nature là-dedans, notre protocole c'est la mobilité. Nous n'allons pas reprocher à nos hôtes de nous y encourager. La journée est trop avancée, nous négocions pour partir demain, il n'y a pas lieu de s'affoler. Ce soir, nous allons au bar sur la route provinciale reliant Kotan au reste du monde. C'est jour de match, jour de finale. Comme souvent quand il y a beaucoup d'enjeux, le jeu se fait attendre, alors comme Argentins et Allemands ne parviennent pas à tromper l'ennui, Damien et moi nous engueulons vertement. Juste quelques non-dits sur l'itinéraire, les intervalles, les indicibles. Il nous fallait mettre les points sur les « i ».

Hypertrophiés par les bières, les proportions de nos sentiments sont déformées. À deux, face à l'adversité permanente, une telle attitude est totalement proscrite ; quelle image donnerions-nous à nos partenaires animaux ou aux voisins. Secondés par nos amis de longue date, nous nous défoulons sans mettre la compagnie en péril.

Au réveil, les gazettes locales parlent de la victoire de l'Allemagne, de Götze plus fort que Messi. Rien sur une rixe dans un bar à Kotan entre deux Belges. On peut en rigoler librement au petit-déjeuner qu'on prend en pliant nos affaires. Prêts à partir, je vais rendre visite à Piotr avec Damien. On le trouve en train de boire une pinte avec une nana, les pieds posés sur son bureau. Comme quoi, rien de mieux que d'enfreindre ses propres règles. L'avantage est qu'il se sent forcé de payer son coup. Soudain, il se souvient qu'on n'est pas quatre potes déboussolés en Petite Pologne, mais quatre pionniers ouvrant de nouvelles frontières. Il nous demande si Lili a mis bas. Négatif mon lieutenant ! Il vient aux nouvelles concernant un éventuel point de chute après nous avoir mis à la porte. À la manière des officiers, il donne un ordre pour savoir s'il est pertinent. RAS mon commandant ! Notre insouciance, qui ne peut en aucun cas passer pour de l'incompétence ou de la désinvolture, ne le désarme pas. Il évoque un élevage de plusieurs centaines d'Huçuls à proximité. Selon ses dires, ce sont de bons chevaux de ferme polonais. Il accepte même de leur passer un coup de fil afin de se porter garant : ils nous attendent. Bien. En tant que représentant des classes militaro-religieuses polonaises, Piotr en bon général, ne peut se résigner à lancer dans l'inconnu une femme enceinte jusqu'au garrot.

Nous nous engageons pour quelques heures dans un univers parallèle. Nous quittons toute civilisation pour pénétrer dans la pénéplaine boisée où nous ne rencontrons pas âme humaine. Sommes-nous perdus pour de bon ? N'ayant pas pris la mesure du vide que nous affrontons, nous sommes sans réserve de nourriture. Des bergers nous observent passer depuis leur chalet. Tiraillés par nos estomacs, nous dégainons quelques mots de notre meilleur polonais dans l'espoir de glaner fromages ou agneaux. Étrange tribu que celle qui squatte cette cahute forestière. Quatre hommes avec des gueules cassées et dures comme du bois de chêne nous font place dans leur logis. Après un moment de flottement, on nous propose une tartine de gras de mouton avec des énormes cornichons, accompagnée d'un verre de lait aigre. Le menu me plaît tant nous avons été habitués à pire. Je sens bien que mes comparses sont moyennement convaincus. J'anticipe déjà de récupérer leur part. En grignotant, j'en profite pour jeter un coup d'œil à la bicoque qui nous accueille. Elle est d'une rusticité magnifique. L'ensemble fait de bois brut sans clou est constitué d'une seule pièce. Les lits des pâtres sont disposés autour des murs. Un feu central fume mollement. L'ensemble dégage une douce odeur de combustion, de bois mouillé et de musc. Je termine la tartine de mon voisin et reprends un verre de lait. L'homme me confirme qu'ils ont de la viande, mais semble hésiter à nous la vendre. J'insiste et il m'emmène au bord d'un baril à l'extérieur. Il l'ouvre et montre des morceaux qui ont l'air comestible. Nous en achetons un kilo et saluons les gestionnaires des lieux. Ils nous adressent un furtif signe de la main et nous accompagnent du regard.

Nous allumons un barbecue et dépeçons le mouton. On abandonne la part des anges au chien. Il s'en détourne, dégoûté, directement. Il rechigne pourtant rarement sur la barbaque. Grillés, ces morceaux sont coriaces et ne conviennent pas à notre recette. Conservés dans la saumure, ils sont tout à fait écœurants. Aucun doute sur la fraîcheur, mais notre festin est gâché. On arrache ce qu'on peut de chair élastique et le reste sera pour les renards.

Quelques cours d'eau sillonnent de-ci de-là les vallons. Nous descendons vers le fond de la colline, balafrée par quatre ou cinq mètres d'azur argenté. J'envoie Damien sonder la profondeur du torrent. Comme il ne se fait pas emporter, j'engage la roulotte. C'est une primeur pour nos conquérantes qui n'ont jamais été confrontées à l'eau de cette façon. On décharge nos carcasses du charroi, l'un pour les mener par la bride, l'autre par les rênes, le troisième pour les encourager de l'autre côté du gué et le quatrième pour filmer notre exploit. Elles s'élancent sans hésiter. Elles ne font qu'une bouchée de cette traversée, qui ne leur fait ni chaud ni froid.

Nous prenons la route du prophétique havre de Regietów. Une voiture se gare. Son chauffeur sort, les cheveux au vent et nous interpelle en allemand. En Europe centrale, hors des centres urbains, notre connaissance rudimentaire de cette langue nous est très utile. Alors qu'on commence rapidement à résumer la situation « on est deux potes, plus deux autres potes ; on va rejoindre l'élevage de *Reggaetown* parce que cette jument-là, celle qui est harnachée jusqu'au cou, va bientôt pouli… » On n'a pas le temps d'en arriver là que son véhicule commence à dévaler. Les deux gamins, restés à l'intérieur, ne savent pas s'ils doivent en rire ou en pleurer. Heureusement pour tout le monde, le père accède au volant in extremis depuis la fenêtre ouverte. Il l'échoue dans l'ornière plutôt que dans le champ plusieurs centaines de mètres en contrebas.
Nous le tirons de ce mauvais pas avant de nous arrêter dans un magasin pour faire des réserves pour un siège à venir. Regietów, qui sera dorénavant notre mère-patrie,

est en vue. Damien et moi allons au secrétariat du ranch. Il est constitué de nombreux baraquements donnant sur d'immenses pâtis en arrière-plan. Paysage pittoresque complété par des forêts de feuillus. L'endroit est propre et dynamique. Finalement, on nous reçoit, la directrice, le directeur sportif, la responsable des transferts ; je ne me souviens plus, mais on réexplique notre histoire : « roulotte – poulinage ». Être assis dans un bureau moquetté dans nos loques nauséabondes et décolorées nous met mal à l'aise. Ils nous attendaient la veille, mais aujourd'hui convient également. Les chevaux sont contenus dans un sas à l'entrée. On peut prendre de l'avoine là-bas et du foin ici. L'eau, on ne doit pas s'en occuper. Notre carapace, on peut la dissimuler en contrebas, ça fait plus propre. Tout le monde étant bien installé, Dodz se montrant satisfait d'avoir tant de mains pour le caresser, nous nous rendons au restaurant de l'établissement.

Le poulinage étant une affaire nocturne, nous allons digérer au lac d'Uscie Gorlicke. Dans le monde sauvage, le cheval est un animal de fuite, il lui faut se montrer discret pour baisser la garde. C'est aussi pour cette raison que le jeune poulain doit tenir sur ses pattes en une dizaine de minutes. On fait donc deux équipes pour rejoindre le lac en stop. On apprécie dans leur plénitude le pédalo sur le lac et les parties de cartes sur la berge.

Sur le coup de 17h30, on rentre au campement. Là, on aperçoit un attroupement qui n'a rien d'anodin autour de l'enclos de nos juments. Le mal est fait, le bien est sorti de son ventre. En parents indignes, nous ne pouvons que constater les dégâts : tout le monde se porte bien, pères absents, mais félicitations à la mère. Sur le moment, impossible de savoir quoi faire, alors le plus important est d'accepter en toute humilité de ne rien faire. Le public observe médusé les premiers moments de *Cura*, fille en croate, sur cette terre. Après plusieurs essais infructueux, un frisson d'émotion parcourt la foule. Elle se dresse enfin sur ses quatre pattes et le public exulte en applaudissements. On se sent comme de vrais géniteurs heureux et méritants. Linda broute à l'autre coin du sas, bien indifférente à toute cette agitation. On va en faire autant auprès de notre roulotte où nous retrouvons Dodz, bien heureux de ne plus être le benjamin de la famille. Nos amis François et Suri, quant à eux, emportent cette dernière anecdote dans leur sac.

Sérendipité

(Damien)

Le branle-bas de combat des premières heures de la maternité s'est bien déroulé. Depuis plusieurs jours, Cura tête avidement les mamelles opulentes de Lili pendant que Linda broute. Toujours aussi placide, elle arbore cet air détaché qu'elle affectionne tant. Les cochers sont dans l'inoccupation la plus totale. Inutiles, nous errons dans ce ranch trop luxueux. Il est clair que nous devons trouver une échappatoire. Nous mûrissons un plan saugrenu pour nous remettre en mouvement.

Nous nous rendons à Gorlice, à quelques kilomètres. Nous y dégotons un vétérinaire francophile. Nous lui soumettons l'idée de construire une charrette dans laquelle nous insérerions Cura pendant les déplacements modestes que notre nomadisme impose. Il trouve l'idée complètement dingue et nous décourage. Après six mois d'impossibilités en tout genre, on commence à être agacé des gens qui voient des problèmes là où nous désirons trouver des solutions. Mais force est de constater que, cette fois-ci, il a raison. La complication ne réside pas dans la construction et la traction d'un tel véhicule, rien de plus qu'une remorque à poulain après tout. Le savant nous explique que Cura et Lili partagent un lien indivisible. Il est impossible de les séparer dans un premier temps. Elles doivent rester en contact visuel et olfactif, sous peine de céder à la panique.

Cependant, un poulain peut être ferré avec des souliers en plastique au bout de quelques semaines. Mais là encore, notre temps est compté car nous arrivons à la fin de l'été. Nous le quittons sans réelle solution. En désespoir de cause, nous pouvons faire marcher mère et fille côte à côte à condition de ne pas user les petons de Cura sur du béton dur et abrasif. Notre objectif est de débusquer un endroit propice à un séjour prolongé. Si les juments trouvent leur compte, nous ne pouvons nous satisfaire de ce talus où nous devenons des boulets.

Noyant notre petitesse dans la lecture des exploits d'Alexandre le Grand, nous paressons dans les hamacs. Soudain, résonne au-dessus de nous une voix fluette en français. Nous nous retournons et apercevons deux dames d'une cinquantaine d'années qui nous font des grands signes. Nous sommes accueillis par des sourires fendus d'une oreille à l'autre. Ces deux sœurs polonaises, deux bouts de femme enjouées, sont sur nos traces depuis quelques jours. Elles ont longtemps fait de l'équitation et vivent en Belgique une partie de l'année. Elles nous invitent, ce qui n'est pas pour nous déplaire, à manger. Clément ayant pris une beigne à Cracovie, il ne consomme plus que de la soupe pour quelques jours. Je peux, pour une fois, manger à mon aise sans craindre de chapardage intempestif.

Une bonne heure est nécessaire pour raconter nos histoires respectives. La nôtre les amuse et les effraie un peu. L'histoire d'Anna mérite bien d'être racontée également et est pour nous une intrigue épatante. Une des deux sœurs Przetakiewicz est l'ancienne directrice de la prison pour femmes de Berkendael, à Bruxelles. Nous sommes fascinés par son histoire professionnelle. Anna ne laisse pas paraître une identité de cheffe de prison avec dix ans d'expérience. La sensibilité, la nuance, la pudeur avec lesquelles elle nous parle de cette profession nous ont beaucoup impressionnés. Sa fierté de démarquer l'établissement des femmes de son sinistre alter ego masculin de Forest nous secoue et nous remplit d'admiration. Au dessert, Anna nous met en contact avec le bourgmestre de Uscie Gorlicke, dont nous connaissons déjà le lac. Un homme avec la main sur le cœur, nous assure-t-elle. Il est également responsable du club de chasse local et de son luxueux pavillon. Elle nous demande quelques jours pour aller poser la question au notable. Nous sommes enchantés de cette rencontre inspirante. Le lendemain matin, Anna vient nous annoncer que nous sommes attendus à Kwiaton chez monsieur le Maire.

Nous ne savons pas exactement qui nous devons remercier dans ce haras. Nous n'avons jamais été formellement introduits. Nos contacts les plus fréquents étaient avec le personnel du restaurant. Nous allons les saluer et prendre une dernière limonade.

La manœuvre est à la fois préoccupante et enfantine. Nous devons parcourir environ quatre kilomètres sur une route plate et droite. Dans le même temps, nous devons gérer l'inconnue supplémentaire. Les poulains dans la nature doivent pouvoir marcher très tôt sous peine de se faire croquer tout cru. C'est raffermis par cette certitude darwinienne que nous attelons Linda et Lili. Cura traîne dans nos pattes. La proximité des trois animaux et du chien qui fulmine dans la roulotte nous fouette le sang. Finalement, l'équipage se met en ordre de bataille et nous sortons la roulotte du ravin dans lequel elle s'était enlisée depuis 10 jours. Notre marmaille quitte Regietów sous les acclamations des visiteurs attablés à la terrasse du ranch. Cura se dandine du mieux qu'elle peut pour se maintenir à la hauteur de Lili. Ses frêles gambettes ne lui permettent pas toujours de tenir la cadence. Elle doit alors esquisser quelques pas de trot. Sa maladresse infantile suscite hilarité et sympathie. Elle a coutume de déraper sur plusieurs mètres pour s'arrêter, ce qui donne une touche un peu rocambolesque aux quelques kilomètres parcourus. C'est ensoleillant d'avoir cet élément à rajouter à la narrative historique du voyage, même si ça nous handicape sur la fin du périple. Nos mouvements sans pouliche étaient malaisés, nous sommes désormais réduits au quasi immobilisme.

Nous nous maintenons sur le bord de la route pour que Lili garde sa fille dans l'herbe à sa droite. Enfin, le franc tombe. Marko nous avait assuré, pendant notre écolage, qu'il valait mieux placer la grosse à droite et la tonique à gauche. Le calme et le flegme pour attirer la charretée sur le côté plutôt que vers le milieu. Cette explication m'avait paru un peu contre-intuitive. Mais Marko savait peut-être. Miskoc et lui étaient des potes, c'est comme ça qu'on s'est retrouvé à lui acheter son étendard après tout. Quoi qu'il en soit, ça nous dispense de devoir intervertir les juments dans la dernière ligne droite.

Sur le seuil de sa résidence, nous sommes accueillis par Dmitar et sa famille avec du fromage de chèvre et une bière légère. En expliquant nos déboires en allemand, on admire le macabre spectacle de tous les massacres qu'il a collectionnés. Lynx, loups, ours, si c'est vivant ça peut être tué. L'apéro englouti, on se rend au palace de chasse. D'un volume et d'un faste impressionnants, ce cabanon de plusieurs centaines de mètres carrés en rondin de bois est fastidieux à décrire dans sa totalité : salle de banquet de type médiéval, plusieurs dizaines de lits à notre disposition, des antres et des foyers dans chaque pièce, douches connectées à la radio. On laisse cette plaisante annexe de côté pour l'instant, lui préférant le charme claustrophobique de notre habitation. Comme le dit un proverbe serbe appris quand j'ambitionnais de transpercer ce pays d'ouest en est : « Lorsque les résidents sont modestes, la maison est bien assez grande ».

À Kwiaton, nous allons nous coucher de bonne heure. Sédentaires, notre désœuvrement est navrant. Nous nous réveillons tôt pour aller flatter et abreuver les quadrupèdes. Ensauvagées, elles s'enfoncent de plus en plus profondément dans des buissons d'aubépine à l'abri des parasites. On sort tout écorchés de ces parties de cache-cache. Nous allons ensuite saluer nos hôtes qui nous gavent invariablement de spécialités polonaises. Dodz lui aussi l'a bien compris, car nous l'y retrouvons généralement dévorant de la bidoche. Il se désintéresse depuis longtemps des soixante kilos de croquettes achetées pour Sotchi.

Nous passons ensuite le plus clair de la journée à lézarder au soleil en lisant, en faisant quelques parties d'échecs, en écrivant et en jouant de la musique. Une sorte de compagnie de satyres, le lubrique en moins. Les chevaux viennent parfois nous tenir compagnie l'après-midi. Nous ne les attachons plus et elles divaguent à leur aise dans l'espace disponible. Nous formons maintenant un véritable troupeau. Elles n’ont plus l’air de clairement distinguer la différence physiologique entre elles et nous. Ce qui n'est pas forcément flatteur. Nous passons de longues heures groupés à six dans l’ombre du tilleul à se chasser mutuellement les mouches. Cura papillonne autour de nous alors que les deux matriarches clignent mollement, la tête sur nos genoux.

Depuis la Belgique, nos amis Victor, Coach et Gery viennent constater notre immobilisme. Nous ne pouvons leur offrir les grandes cavalcades polonaises dont ils avaient rêvé. Néanmoins, on profite de l’été et de la présence de nos amis pour nous comporter comme des touristes parmi d’autres. Dmitar vient nous rendre visite à l’occasion d’un reportage de la télévision locale sur nous. On lui doit bien ça. Il en profite pour faire une opération marketing en vue de ses électeurs en s’affichant face caméra. Il nous offre des produits de la région que nous acceptons benoîtement. Pendant qu’il soliloque, on se focalise sur le sac tendu : du miel, des champignons, des conserves de poivrons. Peu importe que ce soit en partie pour des motifs politiques, si c’est pour promouvoir l’accueil d’étrangers accompagnés d’un cheptel en pleine expansion, cela me convient. Dmitar organise pour nos amis et les siens une sauterie improvisée de cochon rôti au milieu de la forêt. C’est dans une ambiance de banquet gaulois que nos camarades découvrent la campagne polonaise et ses délicatesses.

Cherchant un prétexte pour nous remettre en mouvement, nous estimons en avoir assez vu chez les brigands chasseurs. Notre ange gardien local nous invite dans un autre palace surplombant le lac. Cura se déplace dans la bande herbeuse. Une sueur froide nous crispe chaque fois que son frêle sabot se pose sur le bitume. On parcourt précautionneusement les trois kilomètres qui nous séparent de sa villa. C'est un lieu de plaisance idéal qui nous permet une nouvelle fois de laisser tous nos soucis derrière nous pour aller nous perdre au bord de l'eau. Les vacances sont douces, mais pour nous, elles n'ont aucun sens. La sédentarité est une affection débilitante pour le nomade. Le terme approche, à l'image de Lili devant le supermarché, nous ne pouvons plus le repousser.

Nous mettons au point un plan de retour. Nous sommes partis à trois avec un chariot à foin et nous revenons maintenant à six dont un enfant en bas âge et une nourrissonne. Pourrons-nous ramener famille et bagages au pays ? Des arbitrages s'imposent. Vendre nos compagnes sur place ne paraît pas insurmontable. Deux gars louches sont passés avec une moissonneuse-batteuse et ont proposé d'acheter les animaux au kilo. L'offre laisse peu de doute sur la finalité de l'achat. Nous avons poliment refusé et attaché nos tendres plus près de nous la nuit. Ça serait un comble d'avoir amené Lili et Linda si loin de chez elles pour les voir finir en lasagne, surtout après avoir tant fustigé la pratique en Croatie.

Nous envisageons de laisser la caravane en Pologne. Anna a déjà accepté que nous la stockions dans son jardin dans un premier temps. Nous nous renseignons sur un transport équin transfrontalier, en espérant ne pas laisser le reste de nos économies dans l'opération. La présence de Cura oblige l'utilisation de deux espaces séparés pour le convoyage. Pour ce faire, une deuxième bétaillère doit être attelée au camion. Ceci annihile nos espoirs de charger notre cage sur une remorque. Renseignements pris, nous avons besoin d'une déclaration de bonne condition physique émise par un vétérinaire de la zone. Formalité vite accomplie grâce au véto de Gorlice, toujours aussi complaisant. Il délivre le papier sans voir les animaux. Merci à cet anonyme qui nous évite plusieurs jours d'attente.

Dmitar nous pousse à nous rendre chez Janez, un autre trappeur. Nous nous mettons en route en promenant Cura et Dodz en laisse. Nous lambinons tant que nous garons notre carriole en bas d'une pente de 10% pour la nuit. Incapables de parcourir même une dizaine de bornes, nous n'avons pas eu le temps ni l'énergie de la gravir. Acculés par la pluie, nous faisons pour la première fois l'expérience d'une nuit à cinq dans notre fortin, deux par lit et un chanceux sur le sol. Ça fait plus de concurrence pour les nombreuses mouches qui ont pris refuge dans notre cagibi. La gendarmerie nationale est attirée par ce phare de sagesse dans la nuit et vient nous rendre visite sur le coup de deux heures. On est tout aussi surpris qu'eux, mais pas prêts à prendre le service. Sans autre forme de procès, ils nous laissent vaquer à nos occupations nocturnes.

Aux premières lueurs, Clément et Victor font un tour des fermes du coin et réapparaissent avec un fermier juché sur son tracteur. Nous lui mimons notre détresse. On met les juments sur le banc pour atteler leur rocher de Sisyphe à son engin. Une demi-heure plus tard, tout le monde est sain et sauf en haut du pic. De l'autre côté se trouvent la maison de Janez et les pâturages perpétuellement verts pour nos bêtes. On dévale la pente debout sur le frein. Il faudra signaler au prochain propriétaire qu'il est nécessaire de réviser les tambours. Nous nous entretenons avec Janez comme nous l'avons déjà fait des dizaines de fois au cours des six derniers mois : sans être jamais certains de se comprendre. D'ordinaire, nous nous dépêtrons tant bien que mal avec force de signes et de langage non verbal. Peut-être suis-je atteint par la lassitude du voyageur accompagnant la fin de son errance.

Celle d'avoir dû, une fois encore, dire au revoir à des amis qui viennent de déserter. Même si ce n'est pas pour très longtemps cette fois.

C'est arrangé, un transporteur viendra nous chercher. La mère de Clément nous a dégoté un plan en or pour les réinsérer en Belgique. Pionnières de l'attelage transeuropéen, elles pourront tranquillement prendre leur retraite en province. Mon allié rentrera en tête de pont vers la Belgique pour préparer notre arrivée, tandis que j'accompagnerai les tétrapodes à travers la Pologne et l'Allemagne vers Namur. Dmitar, encore lui, nous offre une roue de secours pour la roulotte : la racheter pour la transformer en food truck. Elle qui a permis à deux grosses d'échapper aux saucisses, le comble est bon. Clément, après avoir fait le tri des affaires qu'il abandonne jusqu'à nouvel ordre, me quitte pour prendre un bus vers Prague. J'investis les deux derniers jours à lire et à rassembler mes souvenirs. Le dernier soir, je bois un verre avec Janez, question de principe. Je porte un toast à toutes les personnes qui nous ont dit qu'on allait y rester. Pas encore pour ce soir. Janez reste la dernière rencontre d'une longue série qui ont fait de ce voyage ce qu'il est devenu : un plaidoyer pour la bonté de l'humanité. Nous avions fait le pari de parcourir l'Europe centrale sous le prisme du hasard de faire des bonnes rencontres et de nous y confier corps et biens. Les seules questions posées furent celles nécessaires à notre progression. Ce toast est à notre dernier hôte, mais également à tous ceux que notre sagacité maladroite nous aura permis de rencontrer. Dans le fond, nous avons ensemencé notre présent de graines d'un avenir que nous souhaitons meilleur.

En Pologne, il existe un conte qui dit ceci. Un chien, nommons-le Sotchi, pénètre dans une salle uniquement composée de miroirs. Incapable de reconnaître son reflet, il aperçoit un de ses semblables devant lui. Ses expériences passées ressurgissant, Sotchi s'inquiète et se méfie de ce cabot. Voyant que l'autre prend également un air redoutable, Sotchi sort les crocs, l'attaque étant la meilleure défense. Son alter ego en fait de même. Piqué au vif, il s'énerve, aboie, rugit, jusqu'à en perdre le contrôle. Il tourne en rond, saute dans tous les sens et s'agite au point de succomber d'un arrêt cardiaque. Une fois sa carcasse enterrée dans le fond d'un jardin, un autre chien, nommons-le Dodz, arrive dans la salle. Naïf, dépourvu d'expériences passées toxiques, il aperçoit son reflet dans le miroir. Toujours en quête d'affection, il se met à frétiller de la queue. L'autre, rassuré, en fait autant. Dodz se rapproche alors de son image jusqu'à donner quelques coups de langue sur la glace. Voyant qu'il a affaire à un ami, il se couche sur le dos, dans la position qu'il affectionne tant. Il se repose tranquillement, son congénère veillant sur lui. Il s'endort heureux d'avoir un nouveau complice avec lequel il pourra rêver de chaussures. Les solutions à nos problèmes sommeillent à l'intérieur de nous.

Je comprends aussi Soljenitsyne quand il écrit dans l'*Archipel du Goulag* que les hommes sont meilleurs, mais aussi plus fainéants que les institutions qui les gouvernent. C'est le cas par exemple des agents de la *rendörseg* que nous avons rencontrés. La plupart d'entre eux font leur métier pour nourrir leur famille, sans plus ni moins de passion et de zèle que le comptable d'une entreprise de confiture. Rendus libres de leurs actions, les individus sont la plupart du temps rattrapés par leur affabilité et leur empathie.
Dans ce songe hyperbolique, nous sommes passés sans transition d'une vie turbulente à une existence où nous mangions des pissenlits autour du feu. Tout a commencé au fond d'une cave par un jour de pleine lune et tout se finit à présent sur une aire d'autoroute allemande, un hamburger entre les mains. Nous terminons notre odyssée par tout ce que nous avons voulu éviter. Nous sommes trop déconnectés de la nature à l'ouest du continent pour pouvoir traverser la vie comme un escargot. Ici, trop peu nombreux sont ceux qui se donnent la peine d'élever des animaux dans le fond de leur jardin ou de distiller de la gnôle frelatée dans leur baignoire. Il est bien plus commode de travailler comme un âne pour pouvoir subvenir à ses besoins. Je comprends que je suis fait pour

vivre au rythme des chevaux, mais suis allègrement celui des camions. Avant de déposer la plume, mon regard se porte une dernière fois sur les juments. C'est un morceau d'idéalisme et de jeunesse que nous laissons derrière nous dans les collines polonaises.

Épilogue

Originellement, le récital de flibusteries décrites ci-dessus fut minutieusement consigné dans un carnet de voyage papier par Demo. Désireux de s'en inspirer à on ne sait quelle fin, Clément l'emprunta un temps pour le parcourir. Oublié une nuit dans un sac-à-dos dans une voiture quelques années après le retour, il disparut à la suite d'un bris de vitre. Ce butin fabuleux et misérable a très probablement rejoint une anonyme poubelle dans les heures qui ont suivi son rapt, emmenant avec lui la chronique de cette aventure. Ici comme là-bas, les pires drames sont mères des meilleures énergies. De peur de voir disparaître ce récit des limbes de leurs synapses, ils s'attellèrent alors à un reportage assidu de cette expédition saugrenue.

Rédigée à l'heure des confinements et de l'immobilisme, cette narration d'un nomadisme fiévreux, frugal et malhabile, évoque une réflexion universelle sur la liberté, le bonheur et le temps qui passe, au rythme du pas des chevaux.

Remerciements

À Françoise et Marcel Vincent, parce qu'il n'est jamais trop tard pour une leçon de catéchisme ;
À Zlatko, qui nous a appris que les possédants sont les possédés ;
À la famille Longarevic, pour la confiance, le temps et l'énergie inégalés investis en nous ;
À Yves, d'avoir offert des alternatives pédagogiques ;
À Nancy Rossignol, pour son sens de la diplomatie et la mise en relation avec *Dobro Jutro* ;
À Vera et Jakcha, pour nous avoir remis en canne avec leurs beignets ;
À l'équipe de foot de Kraljeva Velika, dont l'exploit en coupe aurait dû figurer en Une de l'Équipe ;
À Juju pour les mangeoires musettes trop petites transformées en sacs à Teuch.
À Peter et Kata, pour nous avoir montré que la cohabitation magyaro-tzigane pouvait porter des beaux fruits ;
À Monsieur Hartmann, qui n'est pas aussi dur que son nom pourrait le laisser penser ;
Aux Buzetzkys, pour leur humanité et leur intellect ;
À Robert, pour nous avoir dit oui quand il fallait nous dire oui et non quand il fallait nous dire non ;

À Stopa et Tatiana, qui nous ont donné un toit quand nous en avions besoin ;
À Anna, pour nous avoir aidés à donner le dernier coup de rein au moment nécessaire ;
Aux copains et copines qui sont venus nous prendre par la main pour nous guider dans le noir ;
À Linda, pour nous avoir débarrassés de Sotchi en nous permettant de garder la tête haute ;
À Lili, pour les nombreuses surprises que renfermaient ses ruades ;
À Teuch, Töcz, Toč et Dodz, pour sa gaieté, sa bonhomie et sa couardise.

Une pensée émue, admirative et compatissante pour nos proches qu'on entraîne et qui nous soutiennent encore et toujours dans notre excentricité.

Bibliographie de l’errance

Les Tuniques Bleues, *Tintin* et *Lucky Luke*
Avec ou sans cheval, l’aventure c’est un vrai métier.

Des monts célestes aux sables rouges, Ella Maillart
L'idée d'un voyage équestre est indissociablement liée à l'attrait pour l'Orient et ses pèlerins. Ce roman de la fabuleuse Ella Maillart nous a donné l'envie de voyages hors du commun. Elle a enchanté notre imaginaire pour les routes de la soie et les caravanes. Voyager avec des chevaux est une machine à remonter le temps.

Le Roman d'Alexandre le Grand, Valerio Massimo Manfredi
Aut viam inveniam, aut faciam. Nous trouverons un moyen ou nous en créerons un. Inspirés par cette trilogie, nous voulions nous lancer à la conquête de l'Anatolie avant d'être ramenés les pieds sur terre par les réalités de notre temps.

The Conqueror Series, Conn Igulden
Après avoir lu les exploits de la dynastie de Genghis Khan, nous nous sommes réinvetés en ses indignes héritiers, ne fût-ce que pour un claquement de doigts. À défaut de proposer une recomposition *in situ* de leurs conquêtes, nous voulions nous offrir une part de ces chevauchées.

La compagnie des menteurs, Karen Maitland
Thriller de l'année par le New York Times. Une caravane de parias progresse péniblement à travers l'Angleterre pour fuir la grande peste. Leurs laborieux embourbements évoquèrent parfois les nôtres.

Oro, Cizia Zykë
Un légionnaire de petite vertu trace sa route dans l'Amérique centrale aurifère. Tous les moyens sont bons pour se faire une réputation, s'enrichir vite et se ruiner encore plus rapidement. Cizia Zykë prêche une morale relative dans une éthique inflexible.

Manuel d'hippologie, Lieutenant-Colonel Aublet
Comment reconnaitre un bon cheval, le soigner, le nourrir, l'éduquer, etc. Plein de beaux dessins et d'explications compliquées sur un monde disparu. On n'a pas trop appliqué les conseils de ce militaire-là.

Traité du zen et de l'entretien des motocyclettes, Robert M. Pirsig
Un père et son fils traversent l'Ouest américain à moto. Perdu dans ses pensées, le premier erre et s'égare entre considération philosophique, aliénation mentale et enseignement de la mécanique. Donnons une dimension spirituelle à notre épopée mais essayons d'en revenir avec toutes les frites dans le même sachet.

Achevé d'imprimer sur les presses de l'imprimerie Henroprint à
Liège (Belgique) en novembre 2022.